LA VIE JUSQU'À LA DERNIÈRE GOUTTE

© L'Harmattan, 2004
ISBN : 2-7475-6459-2
EAN : 9782747564595

Danièle MASSARDI

LA VIE JUSQU'À LA DERNIÈRE GOUTTE

L'Harmattan
5-7, rue de l'École-Polytechnique
75005 Paris
FRANCE

L'Harmattan Hongrie
Hargita u. 3
1026 Budapest
HONGRIE

L'Harmattan Italia
Via Bava, 37
10214 Torino
ITALIE

Parce que chacun peut trouver son moyen d'expression par l'écrit et l'édition,

Parce que tant d'expériences méritent d'être connues et ne trouvent pas de place dans l'édition,

Nous proposons cette collection ouverte à un grand nombre.

Collection présentée par Vivre et l'écrire

Il y en a des choses a dire ! Par ou commencer ?

J'avais une petite fille. Elle s'appelait Angélique. Elle était belle, intelligente, elle avait la répartie facile. Elle avait un « foutu caractère ». Elle savait ce qu'elle voulait et si elle décidait que c'était noir, il était impossible de lui faire dire que c'était blanc. Mais elle savait aussi être tendre et quand elle me regardait avec ses yeux très doux, en suçant son pouce, je savais qu'elle voulait un câlin.

Gabrielle, la directrice du jardin d'enfants m'a dit un jour : « Angélique sait très bien se servir de ses yeux ! »
Cette phrase, je m'en souviendrai toujours car, de tout ce qu'on a pu dire d'elle, c'est bien la phrase la plus vraie. Elle parlait avec ses yeux. Elle savait tout aussi bien dire d'un seul regard « je t'aime » que « tu m'énerves », que « j'aimerais bien un câlin », que « pardonne-moi, t'es pas fâchée ? », etc.

Mais il est bien loin ce temps heureux où elle mettait de la gaieté, je dirais même du soleil dans la maison. Aujourd'hui, elle repose dans un petit cimetière de la Nièvre, et quand il fait mauvais temps, il m'arrive de me demander si elle n'a pas trop froid.

Depuis sa mort, chaque jour je me suis dit : « Je vais écrire ce livre afin d'immortaliser cette petite fille si chère à mon cœur. »

J'avais peur de l'oublier, et il fallait mettre par écrit tous les souvenirs vivants que j'ai d'elle. Mais le temps a passé et jusqu'à aujourd'hui, 21 septembre 1984, jour de l'automne, je n'avais encore rien écrit. Maintenant, je ressens ce besoin pressant d'écrire car j'ai le sentiment d'avoir déjà un peu oublié. J'espère que dans quelques années, je relirai ces phrases en souriant, j'ose espérer qu'on n'oublie pas aussi facilement quelqu'un qu'on a tant aimé.

L'histoire pourrait commencer ainsi.
Il était une fois… un jeune homme et une jeune fille… qui s'aimaient tendrement…

Mais les contes de fées se terminent toujours bien, et mon histoire, à l'heure où j'écris, n'a pas l'air de bien se terminer. Peut-être… un jour… Alors je vais raconter. Tout simplement. Car les contes de fées n'existent que dans les livres, et la vie ressemble rarement à un conte de fée.

Michel et moi étions amoureux fous. Cet amour nous semblait unique. Personne d'autre ne pouvait aimer et être aimé à ce point. Nous étions seuls au monde, seuls à nous aimer autant.

Quand Michel a su que j'étais enceinte, il n'a pas eu la réaction que j'espérais. J'avais rêvé lui annoncer cela un peu comme dans les romans. Il m'aurait prise dans ses bras, m'aurait soulevée de terre, nous aurions tourné, quitte à en perdre l'équilibre, ivres de joie.

J'étais allée le rejoindre à son travail à midi, au lieu de manger. Il jouait aux cartes avec ses collègues. Il n'a pas cessé de jouer pendant tout le temps où je suis restée là, assise près de lui, avec ce secret au fond de moi que je voulais lui dévoiler, mais en tête à tête. Il n'a pas bougé. Il connaissait déjà ce secret. Il l'a su dès que je suis entrée. Je n'avais pas l'habitude de venir à son travail à l'heure du déjeuner ; si j'étais là, c'est que le test que j'avais fait le matin même était positif. Je n'avais d'ailleurs pas besoin de parler : c'était écrit sur mon visage.

C'était pour moi un si grand bonheur que je n'avais pas pu m'empêcher de le dire à la première personne rencontrée sur mon lieu de travail. J'aurais voulu le crier sur tous les toits, que tout le monde sache ce qui m'arrivait. Et j'étais tellement impatiente d'apprendre la nouvelle à mon mari qu'attendre le soir était impossible. Il fallait que je le voie à midi, que je lui dise : « Tu vas être papa ! »

Alors quelle déception devant cette indifférence ! J'ai voulu mourir. Si je n'ai pas été renversée par une voiture ce jour-là, c'est que les voitures s'arrêtaient pour me laisser passer. Je marchais comme une aveugle, sans faire attention aux feux rouges, ni aux voitures. Je me fichais de tout.
Cela a duré environ quinze jours, pendant lesquels Michel ne cacha pas son mécontentement. Il voulait un enfant, oui, mais pas si vite. Il n'y avait que trois mois que nous étions mariés ! Puis il changea, et il fut si heureux que les mois qui me restaient à porter cet enfant demeurent pour moi le souvenir d'une merveilleuse aventure. Il était très présent. Il voulait tout savoir. Toucher mon ventre quand le bébé bougeait. Assister aux visites chez le gynécologue, car là nous écoutions ensemble battre le cœur de notre enfant. C'était le bonheur.

D'ailleurs, cet enfant il voulait déjà le protéger. Je me souviens que j'aimais beaucoup appuyer sur mon ventre à l'endroit où je ressentais un coup, car le bébé était obligé de se déplacer un peu et de frapper à un autre endroit. J'appuyais sur cet autre endroit et le bébé frappait à un troisième endroit. Cela m'amusait beaucoup. Je disais à Michel que je lui faisais faire sa petite gymnastique. Mais Michel n'était pas d'accord et il me disait : « Laisse-le donc tranquille ! Arrête de l'embêter ! Fous-lui la paix ! » Et il me prenait les mains et me tenait ainsi prisonnière pour que je n'embête plus son enfant.

Un matin, vers quatre heures, je ressentis une première contraction, puis une seconde, puis une troisième. Elles étaient assez irrégulières. Les unes étaient espacées d'une demi-heure, les autres d'un quart d'heure, les autres de trois quarts d'heure. Je décidai donc de ne pas réveiller Michel tout de suite, il n'y avait encore rien d'urgent. C'est ainsi que dans le noir, en prenant mille précautions pour ne pas réveiller Michel, je notai l'heure de chaque contraction sur un papier.
À six heures, Michel se réveilla et voulut se lever pour aller travailler. Je lui annonçai qu'il devait m'emmener à la maternité. Alors la panique le prit : « Tout de suite ? » questionna-t-il, inquiet.

Il ne savait pas s'il avait le temps d'aller aux toilettes, de s'habiller, d'aller prévenir un copain pour son travail. J'étais très calme et cet affolement m'amusait. Il partit donc, en courant, prévenir son collègue qu'il ne travaillerait pas ce jour-là. Il revint une demi-heure après, tout essoufflé.

J'ai mis douze heures pour mettre Angélique au monde. Ce fut un accouchement tout à fait normal, mais épuisant. Quand elle fut là, j'étais tellement soulagée que je n'avais plus qu'une envie : DORMIR.
Michel, lui, était fou de bonheur. À un moment, il s'approcha de moi et me dit : « Elle est belle notre fille ! Veux-tu que je la pose près de toi pour que tu la regardes ? » J'étais trop fatiguée. Je n'avais même pas la force d'ouvrir les yeux pour la regarder. Je lui répondis d'un ton las que j'avais toute la vie pour la regarder, que je la verrais le

lendemain, que pour le moment je voulais dormir. Michel fut très choqué par cette réponse, il m'en parla le jour suivant, et après mes explications il comprit.
Quand j'y pense maintenant, je me dis que dans la vie, on a quelquefois de ces réactions ! Si on connaissait l'avenir, on agirait tout autrement, et Dieu merci, on ne sait jamais ce que la vie nous réserve. Je trouve que c'est très bien ainsi.

Je n'ai pas eu à subir les quotidiens réveils nocturnes que connaissent bien des mamans. Elle faisait ses nuits complètes de vingt-deux heures à sept heures le matin. C'est la première chose que j'ai dite quand elle nous a quittés. Elle avait été si facile à élever que c'est vraiment injuste qu'elle parte si vite. Nous n'avons jamais eu de problème avec elle. Elle n'était jamais malade, hormis quelques petits rhumes en hiver.
Les mois qui suivirent la naissance d'Angélique furent des mois de vrai bonheur. D'abord pour notre couple. Je crois pouvoir dire que jusqu'à maintenant, les six mois qui ont suivi la naissance de notre « petite puce » ont été les plus beaux moments de notre vie à deux. Nous avions fait ensemble quelque chose de merveilleux. Notre petite fille était si belle et si gentille que cela nous rendait très fiers.

Pendant mon congé de maternité, j'ai passé des heures a la contempler, a l'admirer. J'étais très curieuse d'observer ses moindres gestes. C'est ainsi que j'ai assisté un après-midi à une de ses grandes découvertes : sa main !

On imagine mal en effet ce qui peut se passer dans la tête d'un petit bébé, mais chaque chose nouvelle pour lui est toujours extraordinaire. Nous adultes, nous ne faisons pas attention à nos mains, à nos pieds ou à n'importe quelle partie de notre corps. Nous y sommes tellement habitués que cela nous paraît normal. Mais je suppose que chacun d'entre nous a vécu ce que je vais vous raconter ici.

Angélique était donc couchée, à plat ventre et regardait sa main. Tout à coup, ses doigts bougèrent, sa main se ferma, se rouvrit, se referma. Angélique regardait cela avec ses grands yeux étonnés. Puis le geste recommença, mais je sentais bien qu'elle le faisait inconsciemment, qu'elle ne commandait pas vraiment son geste. Alors elle se mit à regarder cette chose curieuse qui bougeait, elle la retourna plusieurs fois, et toute à son observation, elle ne remarquait pas ma présence. J'avoue que si elle, elle était ébahie par sa main, moi je l'étais par ma fille, car jamais je n'aurais imaginé jusqu'à cet instant qu'une main pouvait tellement retenir l'attention. Évidemment, moi, il y avait vingt et un ans que je voyais mes mains tous les jours.
Son travail d'observation a bien dû lui prendre vingt minutes. Au bout de ces vingt minutes, elle arrivait parfaitement à maîtriser son geste et à le commander. Alors elle s'entraîna.

Ce spectacle est resté si fortement gravé dans ma mémoire que tout en écrivant, je la revois : allongée à plat ventre, son

dos formant un creux, ses petites jambes battant l'air, la tête bien relevée. Appuyée sur les coudes, elle regardait cette main, la bouche et les yeux grands ouverts d'étonnement. Soudain, elle tourna la tête et me vit. J'eus alors droit à un radieux sourire vainqueur et elle sembla me dire : « Regarde ce que je viens de trouver ! »
À cet instant-là, la mère et la fille étaient très fières.

Mes journées, pendant ce congé de maternité qui m'a semblé si long avant la naissance et si court après, passaient très vite. D'abord parce que j'étais très fatiguée et que je dormais beaucoup. J'avais pris à peu près le même rythme de sommeil que ma fille et je dormais, comme elle, entre les tétées.
Michel m'apportait Angélique dans mon lit quand il se levait, à six heures. Il la recouchait avant de partir travailler et nous redormions, chacune dans sa chambre
Vers dix heures, je me levais : deuxième tétée. Là je passais facilement une heure entre la tétée, le change, la toilette… sans oublier le petit câlin, tout cela agrémenté par de longs discours. Je la recouchais. Je mangeais. Petite sieste. Troisième tétée.
Souvent Michel arrivait de son travail à ce moment-là. Il prenait sa fille dans ses bras et jouait avec elle, s'informait de la journée, et nous passions des heures délicieuses à nous émerveiller de notre « petit ange ».

Je faisais en sorte de ne pas trop la prendre dans mes bras pendant la journée, juste le nécessaire, de façon qu'il puisse la prendre plus longtemps et en profiter un peu. J'estimais que c'était déjà pour moi une chance de l'avoir au moment des tétées, et je ne voulais pas qu'il se sente frustré.

Évidemment, le congé de maternité, ça ne dure pas longtemps, et à quatre mois j'ai dû la confier à une nourrice. Mon Dieu ! que j'en ai versées, des larmes ! Ce petit bout de chair, la chair de ma chair, il fallait que je m'en sépare ! Et je n'arrivais pas à m'y résoudre. Un jour que je l'emmenais à la consultation de PMI, là où je travaillais, je vois ma collègue infirmière de la crèche familiale qui s'approche de moi en souriant : « Alors Danièle ? Comment ça va ? et Angélique ? se porte-t-elle bien ? »
Pour toute réponse, j'éclatai en sanglots. Surprise, elle me demande ce qui se passe, et je lui explique ma difficulté à imaginer le jour où je laisserai ma fille à l'assistante maternelle. Une grande discussion s'engagea entre moi, le médecin de PMI et deux autres collègues.

Arrêterai-je de travailler ?
Impossible ! Mon mari ne gagne pas assez d'argent pour nous faire vivre.
Mon mari pourrait s'arrêter de travailler ?
« Ah non ! surtout pas, s'écrie le médecin. Un homme n'est pas fait pour rester à la maison derrière des casseroles. Au début, ce serait peut-être parfait, mais très vite il s'ennuierait, aurait l'impression d'être entretenu par sa femme, et de graves problèmes viendraient très vite briser le couple. »
Pourtant, Michel (je le pensais alors, et le pense encore) était tout à fait capable de remplir ce rôle. Pour ce qui est du ménage et du rangement, c'est lui qui fait tout, et il le fait très bien... beaucoup mieux que moi. Et puis, il aimait tellement sa fille que je pouvais la lui confier en toute confiance.
Mais pour la société actuelle, qui se dit très évoluée, si l'un des deux s'arrête pour garder les enfants, cela ne peut pas

être quelqu'un d'autre que la mère. Et pourtant, je gagnais 2 000 F de plus que lui.

Enfin ! Maintenant, je n'ai pas de regret car c'était mieux ainsi. Et puis, elle a eu une assistante maternelle tellement consciencieuse et affectueuse !
Je n'ai pas oublié le premier jour où j'ai conduit Angélique chez cette assistante maternelle. Arrivée chez elle, je me suis mise à pleurer. J'étais inconsolable. L'assistante maternelle était momentanément absente. C'est sa fille qui m'a ouvert. Elle était très embêtée, ne savait que dire… et moi non plus. Je tenais ma fille dans mes bras et je la serrais très fort, comme pour empêcher qu'on me la prenne, et je pleurais. Quand madame Bardou est arrivée, elle a su trouver les mots pour me réconforter et surtout, elle m'a proposé de passer quand je voulais dans la journée, même à l'improviste. À midi, je suis donc venue. Ma fille dormait. Je suis restée près d'une demi-heure à la regarder dormir, puis je suis retournée au travail sans avoir mangé. J'étais rassurée. Ce n'était pas du tout un manque de confiance envers madame Bardou, mais simplement que la séparation était trop douloureuse pour moi. Oui, c'est ça : « douloureuse ». J'avais mal dans mon corps comme si on m'arrachait un bras ou une partie de mon corps. C'est une douleur que j'ai ressentie une deuxième fois (la dernière) quand l'hôpital a téléphoné pour m'annoncer sa mort.

Je connais des mamans qui gardent leur enfant jusqu'à trois ans. Très souvent, elles en ont marre à la fin de la journée et ne peuvent plus le supporter. Quand elles le mettent à l'école, c'est pour s'en débarrasser. Ces relations mère-enfant ne sont pas du tout les mêmes que lorsque la mère travaille. Le soir, tous les deux sont si contents de se retrouver que le temps passé ensemble en est beaucoup plus riche. La femme est plus disponible du fait qu'elle a passé sa journée au-dehors, qu'elle a rencontré des gens, que sa vie professionnelle lui apporte des satisfactions. La femme au foyer s'ennuie ; c'est du moins le sentiment que j'en ai.

Pour conclure, je dirai simplement que si c'était à refaire, j'en ferais tout autant.

DIRE QU'UN ENFANT GARDE, (QUE CE SOIT EN CRECHE OU CHEZ UNE ASSISTANTE MATERNELLE) NE SOUFFRE PAS EST FAUX. Pour lui aussi la séparation est dure, et il nous le fait savoir.

Angélique choisit l'époque des fêtes de Noël pour me manifester sa colère. Elle avait six mois. Elle décréta un jour qu'elle ne voulait plus manger avec moi. Quand je lui présentais la cuillère, elle pinçait les lèvres de toutes ses forces et restait ainsi jusqu'à ce qu'une autre personne prenne ma place, que ce soit son père ou une personne qu'elle n'avait jamais vue. Dès que je reprenais la cuillère, elle pinçait à nouveau les lèvres, avec un air obstiné qui ne laissait aucun doute sur ses résolutions.

Ce petit manège eut vite fait de me saper le moral, et tous les soirs au moment du repas, je pleurais. Déjà en préparant sa soupe, je me disais « pourvu qu'elle m'accepte ce soir ! » Mais elle était inébranlable, et moi je ne savais plus quoi faire. J'avais l'impression qu'elle ne m'aimait plus. Qu'elle ne voulait plus de moi.

Finalement, j'en parlai à la crèche familiale, et on me conseilla de faire celle qui s'en fichait, même si c'était dur, même si ce n'était pas vrai au fond de moi. En fait, dans ce refus, elle me disait : « Tu m'as laissée, tu m'as fait de la peine, à mon tour de t'en faire, et j'ai trouvé le point faible. »

Je suivis donc ce conseil. Le soir, je lui présentai la cuillère, elle pinça les lèvres. Je reposai la cuillère en disant : « Tu ne veux pas manger avec moi ? Ça tombe bien, moi non plus ! C'est Papa qui te fera manger ce soir »

Je recommençai cela deux ou trois soirs de suite ; le quatrième soir, elle mangea avec moi sans résistance. Nous étions réconciliées.

Cette histoire, je la raconte souvent et surtout à des jeunes mamans qui comme moi subissent une période d'opposition semblable.

L'autre jour, je l'ai racontée à une mère très angoissée. J'avais simplement oublié de lui préciser que cette petite fille dont je parlais n'était plus de ce monde.
Un soir, je la rencontre. Elle avait un visage épanoui, heureux. Elle sortait de chez la nourrice, poussant le landau. Cela a dû me rappeler des souvenirs car je me suis entendue lui dire :
« Voilà l'heure de la journée la plus agréable, n'est-ce pas ?
- Oh oui alors ! allez vite chercher la vôtre ! », me répondit-elle.
Stupéfaite, je m'arrêtai, sans voix, et je la regardai. Elle vit bien ma réaction, mais parut ne pas comprendre. Remise de ma surprise, je retrouvai la voix et je lui dis en tremblant :
« Non, je n'en ai pas
- Mais... me dit-elle, hésitante, vous m'avez bien dit que vous aviez une fille.
- Oui, mais elle est décédée au mois de mars dernier.
- Oh... ça c'est dur...
- Oui, c'est très dur... »
Nos voix étaient tremblantes d'émotion et je sentais les larmes me monter aux yeux. Je m'empressai donc de lui dire au revoir et de m'enfuir. Je l'entendis balbutier derrière moi : « J'espère que vous en aurez bientôt un autre ». Je ne sais pas si elle a entendu le « oui » que j'ai bredouillé en pleurant.

Après le décès d'Angélique, il nous a fallu, à Michel et à moi, beaucoup de courage pour réapprendre la vie à deux. En effet, ces quatre années avec Angélique nous avaient apporté beaucoup de bonheur : le bonheur d'être parents.

Mais elles nous avaient fait oublier que nous étions avant tout un couple. Nous ne vivions que pour notre fille ; tout ce que nous faisions, c'était en fonction d'elle et <u>pour</u> elle. Peu à peu, nous étions devenus des étrangers l'un pour l'autre. Le soir, nos conversations se limitaient à parler avec Angélique, et quand nous nous retrouvions seuls, nous parlions encore d'elle.
Lorsque nous nous sommes retrouvés tous les deux, seuls, il y a eu bien des week-ends difficiles. Nous tournions en rond dans cet appartement vide sans avoir rien à nous dire. Cet appartement vide des rires d'Angélique, vide des larmes d'Angélique, vide de sa présence, de sa gaieté,

Vide...

Quelques mois plus tôt, nous avions pensé au divorce et il me semblait très difficile d'imaginer comment les choses pouvaient s'arranger. Nous étions descendus si bas ! Nous n'avions pratiquement plus de vie sexuelle. Je ne supportais plus qu'il me touche. Ses mains me brûlaient.

Madame Duval était au courant de nos difficultés et elle me conseilla de partir en voyage tous les deux, loin. Rechercher le dépaysement, tout oublier. Cela me tentait beaucoup, mais les années précédentes, j'avais compté sur les vacances pour que nos relations s'améliorent. Nous avions choisi une plage des Landes. Le dernier jour, je restai un peu plus longtemps sur la plage, seule, et je regardais la mer. J'avais compté sur elle pour retrouver un peu de bonheur, et je lui en voulais de nous laisser repartir comme elle nous avait trouvés. Aussi, cette idée de partir me séduisait, mais me laissait perplexe quant à retrouver le jeune homme fougueux et tendre que j'avais épousé et que j'aimais à la folie cinq ans auparavant.

Madame Duval argumenta que cette fois, nous serions deux, et non pas trois. Que nous pourrions partir plus loin, à l'étranger, prendre l'avion… J'en avais très envie, mais mon côté romantique me faisait désirer que Michel s'occupe de tout et qu'il rentre un soir avec les billets d'avion. Or, ce n'était pas du tout son genre. Habituellement, c'était moi qui m'occupais de tout, même du choix du lieu de vacances. Peu convaincue, mais m'efforçant d'avoir un peu d'espoir, je lui fis part de tout cela. Partir ? Oui ! Il était d'accord. « Où ? Où tu veux, cela m'est égal ! C'est toi qui choisis. »
Quand je rapportai le lendemain notre conversation à ma chère directrice, elle me gronda gentiment : « Voyons Danièle ! vous connaissez votre mari ! Vous l'accusez vous-même d'être un enfant. Vous savez bien qu'il ne se chargera pas de cela, ce serait trop lui demander en plus de la peine qu'il supporte en ce moment. Faites-le cette année et peut-être, l'année prochaine, c'est lui qui se chargera de tout. »

Malgré ces sages paroles, je m'obstinai. Je crois que moi non plus, je n'avais pas le courage de traîner les agences, comparer, choisir. Moi aussi, j'avais une lourde peine à porter. Madame Duval, qui était si fine, le comprit. Un matin, quand elle arriva, elle déposa sans un mot, sur mon bureau, sous mon regard ébahi, une pile de catalogues de différentes agences, pour des destinations multiples.
Un tel cadeau ne pouvait rester sans récompense !
J'apportai le soir même tous ces catalogues à la maison et proposai à Michel de les regarder ensemble. Il n'avait pas le temps ! Je les déposai sur le coin de la table et attendis qu'il manifeste un peu d'enthousiasme pour ce « travail » qui n'avait pourtant à mes yeux rien de rébarbatif. J'attendis ainsi pendant une semaine. Madame Duval me demandait chaque jour où en étaient nos délibérations. Au bout d'une semaine, Michel n'ayant pas daigné ouvrir un seul catalogue

(je n'en avais pas reparlé mais j'avais laissé la pile bien en vue), je décidai de m'occuper du choix et des réservations, mais de partir seule ou avec ma mère, puisque lui ne semblait nullement enthousiaste. Madame Duval essaya gentiment de m'en dissuader, ma mère aussi.

Au mois d'août 1984, nous prenions tous les deux un train de nuit pour l'Espagne, pour un séjour de quinze jours en pension complète dans un club de vacances.
Je partais butée et têtue. Je leur ferais bien voir à tous ces gens que quinze jours à l'étranger, sur une plage de la Costa Brava, ne changeraient rien à nos problèmes de couple. Notre amour était mort... comme Angélique. Rien ne pouvait le ressusciter.
C'est peut-être cette certitude qui a tout bouleversé. Les autres années, je partais en me disant : les vacances vont tout arranger. Là, j'étais certaine que rien ne changerait et que tous les deux, nous perdions notre temps.
En Espagne, je rencontrai un homme qui avait un peu mûri, mais qui avait gardé encore beaucoup de choses du garçon aux yeux bleus qui m'avait séduite cinq années auparavant. Un jour, il faillit se noyer et j'eus très peur. Avec l'aide de deux copines, nous l'avons sauvé de la noyade et je crois qu'à ce moment-là, j'ai su combien je tenais encore à lui.
Pendant ces quinze jours, il me fit rire, m'étonna, me fit la cour et me séduisit pour la deuxième fois.

À notre retour, je pensais que bientôt viendrait le moment où nous pourrions envisager d'avoir un autre enfant. Il était important de **désirer** un enfant, et non pas de **faire un enfant pour remplacer** Angélique. J'avais dépassé ce stade, mais je voulais surtout que Michel le désire. J'avais été trop déçue lorsque je lui avais annoncé que j'étais enceinte la première fois. Je voulais qu'il le désire, qu'il le désire **vraiment**. Quitte à l'obliger à me supplier. Quand il me le demanda, j'évoquai nos problèmes de couple encore trop récents. Nous n'étions pas encore assez sûrs de la solidité de ce nouvel amour.

Puis, vint Noël.
C'est une jolie fête, Noël ! Les rues sont illuminées par des milliers d'étoiles, les magasins regorgent de jouets, tous les gens dans les bus et le métro se promènent avec d'énormes paquets. Les amis, les collègues parlent de réveillon. Mais quand on n'a plus son enfant pour fêter ce jour magique, on se dit : qu'allons-nous faire ?
Aller dans la famille nous ferait trop de mal… Chez des amis aussi d'ailleurs. Ils ont tous des enfants. Rester seuls à la maison ? Ce serait encore plus dur.
Sur le conseil encore une fois de madame Duval, nous décidâmes de faire un voyage touristique. Notre choix s'arrêta sur Nice et sa région, l'arrière-pays niçois dont on nous avait vanté les charmes. Pendant quatre jours, nous avons parcouru en car le massif du Tanneron, visité Eze, petit village qui nous étonna par son charme, et nous avons fui tout ce qui pouvait nous rappeler que c'était Noël.
Je me créai à ce moment-là, et pour la première fois, une règle d'or que je m'efforçai par la suite de toujours suivre, un conseil que je pourrais donner à d'autres parents dans le même cas : ne jamais rien faire qui fasse mal. Ça fait assez mal comme ça. Dans chaque étape du deuil, toujours y aller avec beaucoup de douceur.

Le soir du réveillon, nous sommes allés dans un petit café manger un steak-frites. Une petite grand-mère mangeait seule à une table et me fit beaucoup de peine. L'envie de l'inviter à notre table fut si forte que je demandai au garçon de lui transmettre notre invitation. Je me souviens avoir dit à

Michel : « C'est triste Noël ! on ne pense pas assez à tous ces gens qui sont seuls. »
J'en avais presque oublié ma peine !

Dès notre retour à Paris, nous étions d'accord sur un point : **plus jamais nous ne voulions revivre un Noël sans enfant.**

Aurore fut vraiment désirée comme on désire un enfant, et le temps nous parut très long car je ne fus enceinte qu'en février.

Cette réflexion fit sourire beaucoup de nos amis. Je me souviens de la joie que j'éprouvai lorsque j'ai annoncé la nouvelle à madame Duval et mes autres collègues, à Cécile, à Maman…

Ce fut une merveilleuse grossesse ; mes rapports avec Michel étaient redevenus comme au début, mais avec ce petit plus qui était notre vécu, toutes nos difficultés, et ce drame qui cimenta notre amour d'une façon extraordinaire et incompréhensible.
Aujourd'hui encore, je m'en étonne et je me suis souvent demandé comment on peut cesser de s'aimer, et un jour, tout recommencer, et s'aimer encore plus fort… et s'aimer encore mieux.

Une page est tournée. Une page bien triste de ma vie.

Je sais aujourd'hui que je n'ai pas besoin d'écrire tous ces souvenirs d'Angélique car je ne l'oublierai jamais et tout reste gravé dans ma mémoire, malgré le temps qui passe.

Oui, une page est tournée avec la naissance d'Aurore, le 23 octobre 1985, et c'est d'elle que je veux parler maintenant. C'est à elle que je veux penser.

Laissons Angélique reposer en paix !

Dans la nuit qui a suivi la naissance d'Aurore j'avais une ame de poete. J'étais follement heureuse et je revoyais cette naissance que je me pris à comparer à un orage.

Le poème qui va suivre m'est venu à l'esprit, comme ça, les mots venaient tout seuls comme un poème déjà appris.

> *C'était par une belle journée d'automne,*
> *Il faisait beau, le temps était clair*
> *Quand le ciel s'obscurcit.*
> *De gros nuages noirs montaient dans le ciel,*
> *De plus en plus vite, de plus en plus nombreux,*
> *De plus en plus rapprochés.*
>
> *Soudain deux éclairs déchirèrent le ciel*
> *Et une pluie torrentielle déferla sur la terre.*
>
> *Puis très vite le soleil réapparut,*
> *Chaud et lumineux comme il ne l'avait jamais été.*
>
> *Ses rayons aveuglants réchauffèrent le sol mouillé*
> *Comme une onde de joie,*
> *Et il sembla qu'il ferait désormais TOUJOURS BEAU.*

J'ai trouvé ce poème si beau que je me mis aussitôt à la recherche d'un papier pour l'écrire. Je ne trouvai que ma serviette de table en papier. Je l'écrivis donc dessus.

C'EST VRAI QUE CETTE NAISSANCE A ETE POUR MOI QUELQUE CHOSE DE MERVEILLEUX. Bien sûr j'ai souffert, mais pendant deux heures seulement. À onze heures, je n'avais aucune contraction ; à quatorze heures, Aurore était dans mes bras.

Je n'oublierai jamais ce moment, quand je l'ai vue sortir de moi, car on avait placé une glace pour que je la voie naître, Michel m'a embrassée comme un fou en me disant d'une voix tremblante : « Chérie ! C'est une petite fille ! »

En écrivant ces mots, j'en ai les larmes aux yeux.
Il n'y a aucun mot pour exprimer ce que nous avons ressenti. Joie, bonheur ne sont pas assez forts.
Michel a pleuré. Moi non.
Ce serait plutôt maintenant, en évoquant cela que j'aurais la larme à l'œil. Non, à ce moment-là, j'étais trop heureuse pour pleurer ! On me l'a posée sur le ventre, je l'ai caressée, embrassée, touchée pendant plus d'un quart d'heure, et je me souviens que des mots sortaient de ma bouche malgré moi : « Ma fille ! Ma petite fille ! Je t'ai tellement voulue ! Ma fille ! Ma fille ! Je suis heureuse ! Je ne peux pas y croire ! Ma fille ! Je suis si heureuse ce n'est pas possible ! Ma fille... Ma petite fille... »

Je pense que le personnel qui se trouvait là a ressenti avec nous tous ces sentiments si forts car une puéricultrice, quelques jours après, m'en a reparlé avec beaucoup d'émotion. Elle était venue ce matin-là dans ma chambre et se mit à parler à Aurore. Je l'entendis lui dire : « Tu as changé depuis ta naissance ».
Je l'ai regardée. Je ne la reconnaissais pas. En m'excusant, je lui dis que je ne me souvenais pas d'elle, et elle me répondit : « Oh, moi, je me souviens très bien de vous. C'est

moi qui suis venue chercher votre fille en salle de travail pour lui donner les soins. Quand je l'ai prise, vous m'avez dit : « Vous me l'enlevez déjà ».

À la maternité, tout le monde a été très gentil et très attentif avec moi.
Dans mon dossier, le décès d'Angélique était mentionné et j'ai bien senti que l'on faisait très attention à moi, que l'on guettait la moindre tristesse, la moindre larme. Et quand c'est arrivé, on m'entoura, on me fit parler, vider mon sac.

Ce fut surtout le dimanche. Aurore avait quatre jours. Des amis ou des proches, très bien intentionnés m'avaient fortement recommandé de ne pas faire des comparaisons et j'avais assez bien réussi. Quelques petites choses me rappelaient Angélique, mais je les refusais. Or, ce dimanche-là, à mon lever et comme tous les matins, je m'approchai du lit de ma fille pour la regarder et l'admirer.
Et c'est là que j'ai eu le choc. Dans le lit, ce n'est pas Aurore que j'ai vue, mais Angélique ; le fantôme d'Angélique bébé !
J'ai eu beau la regarder à plusieurs reprises toute la matinée, même si je ne le voulais pas, c'était le même bébé endormi, le même visage, son sosie ou sa sœur jumelle. Je n'ai pas supporté, et j'ai pleuré, pleuré pendant des heures. En fin de matinée, comme je savais que les médecins devaient passer, je m'étais maquillée pour qu'on ne voie pas que j'avais pleuré.

Quand le petit groupe arriva, on me demanda si ça allait, je répondis « Oui très bien » d'une voix qui s'efforçait de ne pas trembler. Mais une infirmière, qui me guettait déjà depuis quelques jours, me regarda droit dans les yeux et avec un visage radieux elle dit d'un ton victorieux « Eh bien voilà ! ça y est ! »

J'étais découverte. Je n'avais pas su tricher... Tant mieux ! Le docteur me demanda si c'était juste le spleen des accouchées ou s'il y avait autre chose. Je lui expliquai tout en disant : « Je m'étais interdit de faire des comparaisons, mais quand on la regarde, on ne peut faire autrement. C'est la même ».

Alors elle me dit cette phrase que je n'oublierai jamais car elle a été la première et la seule à me dire cela. « De toute façon, dites-vous bien que des comparaisons, vous en ferez tôt ou tard. C'est inévitable. C'est sa sœur. Entre frères et sœurs il y a toujours des ressemblances et vous n'y pouvez rien. Alors il vaut mieux les faire une bonne fois pour toutes, ces comparaisons ».
Elle a su trouver exactement les mots qu'il fallait me dire, car dans mon entourage, même les personnes les mieux intentionnées m'ont toutes mise en garde.
- Il ne faudra pas faire des comparaisons.
- Il ne faudra pas reproduire les mêmes choses qu'avec Angélique.
- Il ne faudra pas lui remettre les mêmes habits.
- Il ne faudra pas lui donner les mêmes jouets.
Etc.
Facile à dire tout cela. Mais est-ce humainement possible ? Ce docteur aurait répondu non. Elle seule m'a permis de les faire ces comparaisons. Elle seule m'a dit : « Il est inévitable que vous les fassiez, et vous les ferez tôt ou tard ».
Enfin quelqu'un qui m'a comprise.
Et c'est à partir de cet instant-là que j'ai pu à nouveau regarder Aurore et ne voir qu'elle.

Depuis je n'ai pas eu d'autres visions de ce style. C'est bien elle. Pas une autre et bien elle. <u>Et je l'aime.</u>

Ce n'est pas pour rien que je souligne ces mots. Avant sa naissance, elle était une inconnue pour moi, et je m'imaginais que cet enfant, quel qu'il soit, je ne pourrais jamais l'aimer autant que j'avais aimé Angélique. Je croyais avoir tout donné à Angélique et n'avoir plus rien, ou presque plus rien, à donner à un autre enfant.

Heureusement l'amour d'une mère est inépuisable et je sens qu'Aurore, je l'aime encore plus.

En écrivant ces mots j'ai envie d'ajouter : pardonne-moi Angélique.
Mais je sais bien que je ne dois pas dire cela. Angélique ne m'en veut pas. Elle ne voudrait pas qu'il en soit autrement. Elle sait pourquoi…

Oui Aurore est aimée, et sera aimée très fort par tout le monde. La preuve en a été faite par tous ces cadeaux qu'elle a eus et qui continuent de pleuvoir sur sa petite tête. Comme je le disais au début de ma grossesse, ce n'est pas un enfant comme les autres, et on pourra se battre, on n'y pourra jamais rien.

Il y a le souvenir d'Angélique… et puis il y a Aurore…

Pendant toute mon enfance, mon père n'a jamais su me montrer qu'il m'aimait. M'aimait-il ? me haïssait-il ? Aujourd'hui, je suis bien incapable de le dire. Le fait est que chaque fois qu'il m'a manifesté son attention, c'était sous forme de magistrales raclées ou de coups de bâtons. Oui ! les enfants battus, je connais. J'avais très peur de lui. J'ai cru quelquefois qu'il allait me tuer quand ses crises de folie le prenaient (le mot n'est pas trop fort : dans ces moments-là il était véritablement fou et personne ne pouvait l'arrêter). Le pire c'est que les gens qui le connaissaient bien étaient incapables de croire cela quand je racontais ce qu'il me faisait car on aurait pu venir un quart d'heure après une de ces scènes, il lisait tranquillement le journal, il était tout à fait calme et aurait reçu n'importe quelle personne avec le sourire et lui aurait offert à boire « comme si de rien n'était » !
Il passait aux yeux de tout le monde pour un homme très calme, qui ne s'extériorisait pas, ni dans la peine, ni dans la joie, un homme « égal à lui-même », certains diront même « gentil ».

Un psychiatre m'a dit qu'il avait reçu une éducation très dure qui ne l'autorisait pas à exprimer ses sentiments.
« Un homme, ça ne pleure pas ! Un homme, c'est fort. » J'ajouterai : « Un homme, ça ne dit pas je t'aime à sa fille. »

Parvenue à l'âge adulte, je nourrissais pour lui une haine féroce. J'ai souhaité sa mort. Il m'avait trop privée d'un père. J'enviais mes amies qui vivaient avec leur père des relations de profonde tendresse. Chez ma belle-sœur, alors que je passais le week-end, son père nous rendit visite. C'est un petit bonhomme adorable. Il voue à sa fille un amour plein de tendresse et d'admiration et elle le lui rend bien.

Quand je l'ai vu entrer portant une azalée qu'il tendit à sa fille, je courus m'enfermer dans les WC pour pleurer.

Lorsque je revenais de chez le coiffeur, ou que je portais une nouvelle robe, il ne me remarquait même pas. Je suis restée très marquée pendant longtemps et je disais à tout le monde que c'était pire que de n'avoir pas eu de père.

Au cours de ma psychothérapie, ma psy me fit beaucoup travailler ce sujet-là. Mais je m'étais juré qu'elle ne parviendrait jamais à me faire aimer mon père. Je lui avais raconté tous les souvenirs que j'avais de lui qui étaient, bien sûr, de mauvais souvenirs. Un jour, elle me demanda : « Racontez-moi un souvenir heureux de votre père. Il y a bien un jour où il a fait quelque chose pour vous, quelque chose de gentil. »
J'avais beau chercher, je ne trouvais rien. Je fouillais ma mémoire... en vain. « Ne vous a-t-il jamais protégée ? défendue ? »

À ce moment-là me revint en mémoire une chose que j'avais enfouie, bien cachée, très loin dans mes souvenirs. Je fréquentais à l'école primaire la classe de CE1, et ma maîtresse avait le grave défaut de tirer les cheveux au point de les arracher par poignées. Comme mes parents ne me croyaient pas, je les avais ramassés sur mon gilet et j'en avais rempli une grosse boîte d'allumettes. Lorsque je rapportai cette preuve effarante, mon père se mit très en colère et vint trouver la maîtresse dès le lendemain matin. Il la menaça de la dénoncer à l'inspecteur si elle recommençait. Tremblante de peur, elle le supplia ; elle débutait et n'était pas encore titulaire. Il partit, emportant la promesse qu'elle ne toucherait plus à un seul de mes cheveux.

Je fus longtemps troublée par ce phénomène par lequel j'avais complètement effacé de ma mémoire ce souvenir d'un père protecteur, pour ne garder que les souvenirs de violence. Pourtant, il faut noter que malgré l'insistance de ma psy, c'est le seul agréable souvenir qui me soit revenu !

Aujourd'hui, je n'ai plus de haine pour mon père, ce qui ne signifie pas que je l'aime. Il m'est indifférent, c'est tout !

À la naissance d'Aurore voici ce que j'écrivais. C'est un peu dépassé aujourd'hui, mais je n'ai pas le courage de supprimer ces quelques lignes qui ont été, à une certaine époque, ma vérité.

Aurore a deux mois aujourd'hui. Depuis quinze jours, elle fait des sourires, des vrais, pas des sourires de bien-être. Elle les fait surtout quand son papa la prend près de lui sur le canapé, et qu'il lui fait de grands discours. Ce spectacle est pour moi quelque chose de merveilleux, c'est à la fois une récompense (je les revois heureux ensemble) et un peu de ma revanche, cette revanche que j'ai longtemps voulu prendre sur mon père qui n'a jamais su être un vrai père pour moi. Là je peux prouver qu'un père, ça existe, ça peut aimer sa fille, lui parler tendrement.

J'avais pris un peu cette revanche à travers Angélique, mais elle n'est plus là et mon cœur d'enfant n'est pas complètement réparé ; il saigne encore et je compte bien sur Aurore pour le guérir.

Aurore si jolie ! Chaque jour, c'est un émerveillement pour nous deux d'admirer ses yeux si beaux, si bleus, qui changent selon la lumière, tantôt d'un bleu profond comme la surface du « lac Pavin » en Auvergne, tantôt d'un bleu cendré, tantôt une pupille très dilatée.
Ils changent même selon ce qu'elle regarde. Grands ouverts et très attentifs quand elle écoute son père lui parler ; rêveurs après la tétée quand elle va bientôt les fermer et dormir ; vifs quand on lui donne son bain ; rieurs et lumineux quand elle répond à nos discours d'un sourire radieux.
Et sa bouche ? Sa bouche est très expressive. Gourmande quand elle tète mon sein. Elle est moins gourmande du biberon qu'elle prend en trois quarts d'heure, alors que le sein est vide en dix minutes. Quand elle a le biberon, on dirait qu'elle s'amuse, qu'elle flâne. « Plus longtemps ça dure, plus longtemps je suis dans les bras », a-t-elle l'air de dire.

Quand son père lui parle, j'ai déjà dit qu'elle lui répond par de superbes sourires. Mais quelquefois, elle bouge les lèvres à la manière d'une carpe et on dirait qu'elle veut parler. Elle fait de gros efforts, bouge la tête, les bras, les jambes... rien à faire... aucun son ne sort. Mais comment font-ils donc pour sortir du bruit de ce trou noir ! Mais c'est juré. J'y arriverai.

Aurore à trois mois

Ca y est ! un son est sorti de sa bouche ! Tout petit, tout timide au début, puis elle prit conscience que c'était elle qui avait fait ce bruit-là, elle recommença, plus fort, plus longtemps. Alors elle s'aperçut qu'on lui répondait. Elle en fut très heureuse et nous gratifia de merveilleux sourires. Alors elle recommença et c'est ainsi que nous avons eu notre première « conversation ».

Je dis conversation, car ses « euh » veulent dire quelque chose, j'en suis sûre. Quand elle est contente, ce sont des « euh » gais, accompagnés de sourires. Mais quand elle a quelque chose qui ne va pas, ses « euh » sont tristes, plaintifs ; elle fait la « lipe » et a des larmes dans ses yeux. Son visage est très expressif et, même si elle ne parle pas, on comprend très bien ce qu'elle veut dire.

Les exemples qui suivent le montrent bien.

1 - Entrée à l'hôpital pour une bronchiolite

On l'ausculte, on lui fait une radio pulmonaire, on l'installe dans une chambre, on lui branche l'aérosol. Elle regarde autour d'elle. Papa et Maman sont là. Mais ils ont l'air

inquiets. Et puis ce n'est pas son lit, ce lit est en plexiglas transparent. Le matelas est incliné et elle est attachée pour ne pas glisser. Un drap est passé entre ses jambes, remonté sur son ventre et fixé de chaque côté par deux épingles à nourrice.
Il y a beaucoup de monde, on vient la voir, on lui donne un biberon, on la change, plus tard, on l'ausculte à nouveau, Maman donne le sein. Décidément il se passe quelque chose. Puis Papa et Maman s'en vont (pour manger). Vont-ils revenir ? Le temps passe... Ah ! les voilà de retour ! On installe un lit pour Maman à côté. Et Papa où va-t-il dormir ? L'inquiétude grandit. C'est à ce moment-là qu'elle se met à nous faire des « euh » tristes. On a l'impression qu'elle nous raconte ses malheurs et ses inquiétudes. Elle fait « la lipe », ses yeux sont humides et son visage inquiet.

2 - Retour à la maison

Elle ne reconnaît rien. Elle semble perdue. Elle regarde partout et se met à pleurer. On essaie de la consoler ; rien n'y fait. Là encore elle se met à nous dire des tas de choses qui semblent vouloir dire : « Mais où suis-je ? J'étais à l'hôpital, pourquoi ne m'y avez-vous pas laissée ? Où sont mes gentilles infirmières, ma chambre de verre, et cette lumière très particulière de l'hôpital ? »

Nous avons beaucoup de mal à la rassurer, et la seule chose qui la calme vraiment, c'est le sein, qui lui rappelle (je suppose) l'hôpital, car je viens matin et soir pour l'allaiter.

Le lendemain elle vomira tous ses biberons de la journée (réaction à son retour à la maison). J'ai beaucoup paniqué. Pas au premier vomissement, car je sais que cela peut arriver. Mais au deuxième biberon, je commençais à m'inquiéter. J'ai appelé l'hôpital. Ils m'ont répondu que ce n'était rien et qu'il suffisait d'épaissir le biberon... ce que je fis.

Malheureusement, j'obtins le même résultat : elle vomit de nouveau tout le biberon. La panique me prit et j'appelai alors le pédiatre... qui me répondit comme l'hôpital. J'appelai alors la consultation de PMI : même réponse que les deux précédentes. On m'explique que c'est le retour à la maison, l'émotion, il lui faut se réadapter. Effectivement, il est clair qu'elle ne reconnaît pas la maison.

Heureusement, le lendemain, tout rentre dans l'ordre.

Aurore à trois mois et demi

Elle adore que je lui fasse des petits bisous dans le cou car elle est extrêmement câline. Quand je rentre le soir, je passe un long moment avec elle à l'embrasser, à la câliner. Maintenant, elle a bien compris et, dès que je la mets sur mes genoux, elle tourne la tête sur le côté et elle ne bouge plus. Elle attend les bisous. Lorsque j'arrête, elle me regarde et me fait un « euh ? » interrogatif et indigné qui semble dire : « Alors ! continue c'était bien ! »

Je ne l'allaite plus. J'avais voulu continuer pendant son séjour à l'hôpital, j'y allais le matin et le soir pour lui donner le sein. Mais deux fois par jour ce n'est pas suffisant, et mon lait a diminué progressivement. Quand elle est rentrée à la maison, je n'avais plus de lait, ou si peu que ça ne valait plus la peine de lui donner le sein. Ça n'a pas été trop dur pour moi car j'estime avoir fait le maximum : trois mois et demi, c'est bien ! Pour Angélique, je n'avais pas fait aussi bien.

Malgré tout, quelquefois, j'aime bien retrouver ce contact et je suppose elle aussi. Alors je la prends dans le bain avec moi et je la fais téter. Nous avons à la fois le plaisir de l'eau et de la tétée. Elle ne boit rien, mais elle a l'air si bien (et moi aussi).

LA MORT D'UN ENFANT FAIT PEUR.

On ne sait pas quoi dire. On a peur d'être maladroit. Ils ne savent pas que le plus important est d'être là, et d'écouter.

Cécile a été merveilleuse à ce moment-là. Je pouvais l'appeler à n'importe quelle heure du jour ou de la nuit.
Je l'ai fait...
Aujourd'hui, grâce à cette aide qui m'a été si bénéfique, je crois être capable de dire aux gens : « Maintenant je me sens forte. Je ne veux plus de ce cocon. Ne dites pas aux gens ce qui m'est arrivé pour me protéger des gaffes. Je peux le faire moi-même. »

C'est vrai qu'à une certaine époque, j'étais incapable de dire à quelqu'un « ma petite fille est morte ». Mais j'avais envie de parler d'elle, de raconter des anecdotes à propos d'Angélique. Je commençais, avec la ferme résolution de préciser (par la suite) que cette petite fille dont je parlais, qui était si vivante par mon récit, était partie dans l'autre monde. Et puis je parlais, je parlais... et je n'arrivais pas à dire ce qui était le plus important. Et je mettais les gens en grand embarras. Et j'en étais parfaitement consciente. Mais il était impossible d'y remédier. Alors, comment faire ? Ne plus parler d'Angélique ? Impossible.

La seule solution, c'est ma directrice qui l'a trouvée. Avec l'aide de toute l'équipe de la crèche, dès qu'une nouvelle personne arrivait, elles la mettaient au courant, de sorte que lorsque je parlais d'Angélique, la personne savait, me le faisait comprendre, et je n'avais pas besoin de dire cette chose qui me faisait si mal.
Malheureusement, ça ne se passe pas comme ça à tous les coups, et quelqu'un a fait celle qui ne savait rien. On ne

m'avait pas dit si elle était prévenue. Toutes les deux, nous nous sommes trouvées très mal à l'aise, car je ne savais pas si elle savait. Elle ne savait pas si elle devait faire celle qui savait. Un vrai sac de nœuds ! Finalement, un jour, nous avons parlé franchement. Elle m'a dit que je l'avais mise très mal à l'aise. Je lui ai dit que j'en avais été très consciente, mais que j'étais incapable d'y remédier, que c'était trop dur pour moi. Je crois qu'elle m'a comprise.

SI J'AI ECRIT A *ENFANT D'ABORD*, C'EST UN PEU POUR CELA. IL FALLAIT REMETTRE LES PENDULES A L'HEURE. Il y a trois ans, les choses étaient différentes. Comme je m'extériorisais beaucoup, mon entourage savait ce qui se passait en moi.

Et puis j'ai commencé une psychothérapie, donc je parlais beaucoup moins, et les changements qui se sont opérés en moi, il n'y a que ma psychanalyste qui les a vus. Alors, il fallait que je précise certaines choses. Je suis une nouvelle femme maintenant, et je veux que cela se sache.

1er avril 1987

Ma lettre est parue dans *Enfant d'abord*. C'est une réponse à une maman qui dit :
«Beaucoup de sujets ont été abordés jusqu'à ce jour, mais il en est un qui reste tabou, c'est celui de la mort des enfants ».

Cet article m'avait tellement émue que j'ai répondu à cette femme qui me ressemble, qui a les mêmes mots que moi pour parler de ce sujet.
Cette lettre, c'est ma bouteille à la mer et je crois bien qu'elle va faire des vagues !... Elle correspond à un tournant de ma vie :
- fin de ma psychothérapie
- fin de mon deuil

J'ai l'impression de redémarrer dans la vie. Il y a trois ans, j'avais énormément besoin des autres. On m'avait installée dans un cocon et c'était très confortable. On guettait mes moindres larmes, on m'écoutait quand je voulais parler, on respectait mon silence aussi à d'autres moments. Cela m'a beaucoup aidée, et je dois dire que, si j'ai perdu des amis, je sais aujourd'hui que j'en ai d'autres, bien plus fidèles, bien plus sincères, et que ceux-là, je peux compter sur eux.

« *Je suis une nouvelle lectrice d'Enfant d'abord et je tenais avant toute chose à vous faire part du plaisir que j'ai à lire votre revue si intelligemment faite. Je peux en parler d'autant plus aisément que je travaille moi-même dans un hebdomadaire parisien. Vous savez aborder les questions les plus épineuses, les plus tabous et je me permets de vous faire une suggestion : vous devriez songer à aborder dans un de vos futurs numéros, le problème des morts d'enfants. Pas forcément les enfants malades, dont on arrive à parler plus facilement, mais de ces morts accidentelles, ou subites, qui laissent les familles dans le désespoir, et la solitude.*

« *J'ai moi-même été confrontée à ce douloureux problème, il y a deux ans à la suite du décès de ma petite fille de trois mois et demi, de la mort subite du nourrisson. Je sais avoir été beaucoup aidée dans ma douleur par le fait que je connaissais l'existence de ce syndrome et, tout de suite, je me suis heurtée à la difficulté qu'avaient nos amis à communiquer avec nous, parce que nous faisions peur.*

« *Notre malheur faisait peur, comme s'il était contagieux. Et pourtant nous avions le désespoir discret. Les parents qui perdent un enfant se retrouvent terriblement isolés dans notre culture où la mort est niée et la mortalité infantile inconcevable. Dans ma famille, j'étais la première depuis deux générations à perdre un enfant, je me suis donc retrouvée avec une « expérience » que mes aînés n'avaient pas.*

« *Le travail de deuil a été long et nécessaire, ponctué d'étapes diverses, de paliers, de zones d'accalmie. Nous avons même cru* échapper aux larmes, nous n'avons pas évité le sentiment de culpabilité et les pensées magiques. Mon compagnon et moi, nous nous sommes épaulés, sachant que nous vivions cette mort de façon différente mais qu'il n'y avait pas de hiérarchie dans le chagrin... Une fois la perte acceptée, nous avons décidé de recommencer. Je suis actuellement enceinte, et je me rends compte à quel point il était nécessaire pour nous de savoir attendre et mûrir ce nouvel enfant qui ne sera pas celui qui comble l'absence, mais l'enfant né de notre expérience, de notre amour, et de notre amour de la vie.

« Tout cela pour dire que je n'ai jamais vu d'article traitant du sujet de la perte de l'enfant dans la presse française (les Anglo-saxons parlent beaucoup plus facilement de ce genre de sujet). Pour les familles éprouvées, l'entourage, les personnes qui travaillent avec des enfants, je crois vraiment qu'il est temps d'oser lever le voile sur ce thème-là. Cela en angoissera certains, mais cela peut aider.

« Je suis à votre disposition pour vous faire part de mon expérience, des différentes « recettes » qui m'ont aidées dans mon chagrin, des différentes maladresses de l'entourage, ainsi que de tout ce qui fait que le deuil est accompli : garder de l'enfant disparu un souvenir comme une musique que l'on n'oublie pas, le sentiment que cet être-là qui a été mis au monde et qui est parti a eu le temps de vivre son temps de vie, comme tout être humain et de laisser une trace, un message auprès de ceux qui l'ont rencontré.

« Longue vie et prospérité à votre journal, continuez à nous passionner. »

Maryvonne Rippert
Paris

La rédaction :

Merci pour votre émouvant témoignage. Nous sommes persuadés qu'il touchera nos lecteurs comme il nous a touchés. Nos colonnes vous sont naturellement ouvertes. Votre expérience qui a abouti sur cette si belle image : garder de l'enfant disparu un souvenir comme une musique, peut être d'un grand apport à des parents qui ont vécu cette douloureuse épreuve.

* * *

« Merci d'avoir osé »

« Merci d'avoir osé. J'ai moi aussi perdu une petite fille à l'âge de quatre ans et demi à la suite d'une terrible et foudroyante maladie : le purpura fulminans. Cela fait trois ans déjà et une envie me ronge : écrire un livre. Comme vous, je veux faire part de mon expérience car je suis sûre que nous pouvons aider des gens qui vivent ce drame, et nous sommes les seuls à pouvoir le faire.

« Il faut être passé par là pour comprendre. ». Malheureusement, mon envie est restée jusqu'à ce jour au stade de projet. Le sujet est tellement vaste que je ne sais pas par où commencer. C'est un livre qui mériterait d'être écrit à plusieurs. Il en existe déjà un qui a été mon livre de chevet pendant toutes les étapes difficiles de notre deuil : Parents en deuil de la collection « Réponses ».

« Ce qui m'a aidée en premier et que je veux dire aux parents qui viennent de perdre un enfant, c'est que, aujourd'hui, ils vivent un drame atroce, ils croient que la terre va s'arrêter de tourner, que tout est fini, que plus rien n'est possible, mais un jour ils auront à nouveau envie de rire, de faire la fête, de recommencer. Cela sera bien, et ils n'auront surtout pas à s'en culpabiliser, au contraire.

« Une amie m'a écrit : « Je sais que vous avez un long tunnel à traverser, mais un jour vous verrez la fin de ce tunnel et je serai là pour vous aider à vous réhabituer à la lumière ».

« En lisant ces mots, vous, parents qui venez juste de perdre votre enfant chéri, vous pensez ce que j'ai pensé à l'époque : « C'est absurde ! Comment est-ce possible ! Comment continuer à vivre sans mon enfant ? »
Trois ans plus tard, je sais que c'est cet espoir-là qui m'a aidée à survivre à la mort de ma petite fille.

« Pourtant, c'est justement ce que l'on a envie d'entendre. C'est l'espoir.

« Maintenant, je voudrais dire autre chose. Tous les gens qui se croient de bon conseil, qui vont vous donner des recettes toutes faites (sans être passés par là), et Dieu sait si vous en entendrez ! et Dieu sait comme tout cela sera contradictoire. N'écoutez pas ! Faites ce dont vous avez envie. Aujourd'hui vous avez envie de garder ce pull qui lui allait si bien : gardez-le, peut-être le donnerez-vous sans regret dans un an.
Tel jouet vous fait revivre de merveilleux moments et vous en séparer serait une déchirure : gardez-le précieusement, un jour vous y arriverez. Ne faites rien qui vous fasse mal. Vous avez assez mal comme ça. Le temps fera tout. Laissez-les dire, ils ne peuvent pas comprendre. N'écoutez que votre cœur.

« Et puis il est vain de vouloir à tout prix effacer toute trace qui vous rappelle à son souvenir, la vie vous le rappellera chaque jour, même si vous changez de ville, de travail, de lieu de vacances. Il y aura toujours ces mille petites choses qui font que vous ne l'oublierez jamais parce que vous ne pouvez pas oublier, et vous ne le devez pas.

« Un autre conseil : ne restez jamais seul. Osez dire à quelqu'un qui demande si ça va : « Non ! ça ne va pas ! »

« J'ai eu, pour ma part, une amie extraordinaire que je pouvais appeler à n'importe quelle heure du jour ou de la nuit. Je l'ai fait souvent quand je ne pouvais pas seule arrêter mes larmes. Je faisais le numéro, et quand j'entendais sa voix, je me sentais ridicule, je n'avais rien à dire, je m'excusais (il était 1 heure du matin). Elle me disait : « Ça ne fait rien, je suis là, tu as bien fait de m'appeler. »

« Dites aux gens que vous avez besoin de parler de votre enfant, que cela vous soulage. Si ce n'est pas le cas, dites-le leur aussi. Vous les mettrez à l'aise, ils ne peuvent pas deviner. Chacun a sa manière de réagir.

« Il vous faudra aussi vous façonner un « blindage anti-gaffes ». Vous ne pouvez pas y échapper, les gens ne peuvent pas toujours connaître votre histoire. Alors il faut vous y préparer, et ne pas leur en vouloir. Cela m'est arrivé souvent, je ne leur en veux pas. Un autre point que j'aimerais développer et qui est ma difficulté actuelle, c'est l'après-deuil. Maintenant, le temps a passé, et j'arrive à parler de ma fille non seulement sans larmes, mais avec le sourire. Or, dès que je prononce son nom, mes interlocuteurs se croient obligés de prendre un air grave, des yeux tristes. Je n'arrive pas à leur dire : mais allez-y ! riez avec moi ! il n'y a pas eu que sa mort, il y a eu sa vie ; et sa vie n'a pas été triste. Parlons-en ensemble !

« Mais une étiquette me colle à la peau, je ne suis pas une femme parmi tant d'autres, je suis celle qui a perdu une petite fille dans des conditions dramatiques. Alors il faut faire attention (j'allais dire : attention fragile !). Il faut surveiller mes réactions (en particulier avec ma deuxième petite fille qui est née il y a quelques mois).

« Alors je dis Stop !

« Laissez-moi mon passé. Il est à moi, ça ne vous regarde plus. Considérez-moi comme une jeune maman, émerveillée par ce nouveau bébé et même s'il m'arrive encore de pleurer, auriez-vous fait mieux à ma place ? »

Danièle Massardi
Paris

<u>La rédaction :</u>

Il semble qu'un tabou, la mort d'un enfant, est en train de se lézarder. La lettre que vous adressez à Maryvonne Rippert, à la suite de sa lettre dans le n° 114 (Cf. Son témoignage plus complet dans le numéro suivant) en est une démonstration supplémentaire. Il vous a suffi d'un petit signe pour réagir et mettre en mots, à l'usage de l'autre, tout ce qui est douleur, espoir et vie. **Merci.**

Les gens ont lu mon article, et voici certaines de leurs réactions :

Madame Duval :

Je ne savais pas que vous aviez tant de facilités pour écrire. Vous avez raison de vouloir écrire un livre. On a souvent cette envie quand on a fait une psychothérapie. Moi j'ai voulu le faire, j'ai commencé, puis j'ai laissé tomber. Je le regrette maintenant. Votre style est clair, facile et agréable à lire. On ne s'ennuie pas.
C'est vrai que vous avez beaucoup de choses à dire et que vous pouvez aider des gens qui ont perdu un enfant.

J'étais très flattée. Étonnée aussi car j'appréhendais tant sa réaction que j'avais eu beaucoup de mal à lui parler de cet article. Elle avait joué un rôle si important pendant toute la partie si pénible de mon deuil. Nous avions traversé ensemble tellement de marécages qu'il était devenu difficile de se réadapter à la terre ferme.
Elle a joué pour moi longtemps un rôle de mère. Je crois que cela a été confortable pour nous deux. Elle n'a pas eu d'enfant et elle assouvissait avec moi son désir de materner. Pour moi, c'était très agréable de me blottir dans ses bras et pleurer.
Mais ma psychothérapie m'a appris que ce temps-là ne peut durer indéfiniment. Un jour, on quitte sa mère, on devient adulte, et on doit se débrouiller tout seul. Ce n'est pas facile, ni pour l'une, ni pour l'autre. Madame Duval m'a fait comprendre qu'elle avait bien reçu mon message et qu'elle aussi était prête à me laisser « vivre ma vie ».

Elle ne prévient plus les gens. C'est à moi de le faire. Mais à condition de le faire bien, jusqu'au bout, et de ne pas les mettre dans l'embarras.

<u>*Élisabeth*</u> :
Mon article est très émouvant. Ce que j'ai écrit est très bien.

<u>*Le pédiatre de la crèche familiale*</u> :
Elle est d'accord avec moi. Il faut parler, mais c'est difficile. (Elle veut prendre le temps de m'en dire plus. Donc... à suivre...)

<u>*Jean-Pierre, mon beau-frère*</u> :
Ça pince ! (en faisant un geste vers son cœur)

<u>*Sylvie, sa femme, ma sœur*</u> :
Très bien. Des sourires. Pas d'autres commentaires.

<u>*La psychologue de la crèche familiale*</u> :
C'est très bien. C'était important. Sans autres commentaires.
J'ai répondu que c'était important pour moi si ça ne l'était pas pour les autres.

<u>*Monique, une assistante maternelle de la crèche familiale*</u> :
« C'est très bien d'en parler. Et pourquoi ce ne serait pas le sujet d'une réunion ?
- ??
- Ah si, je pense que vous auriez beaucoup de choses à dire. Moi, je serais pour.
- Pourquoi pas, mais je pense que c'est une question à poser en groupe. Il n'est pas certain que tout le monde soit de votre avis. C'est un sujet qui fait très peur.

- Eh bien, elles auraient tort ! il ne faut pas faire la politique de l'autruche. JAMAIS ! »

Je ne vais pas énumérer tous les gens qui ont aimé mon article. Ils ont été nombreux et je ne désire tirer aucune gloire de cela. Si j'ai écrit cet article, c'est que j'avais un message à communiquer. Je voulais toucher au cœur. Je voulais aussi que ce soit le début d'un dialogue et d'échanges, et c'est vrai que la lecture de cette lettre a débloqué beaucoup de gens qui n'osaient pas me dire certaines choses.

Une personne que je ne nommerai pas a dit : « Alors, qu'est-ce qu'elle attend ? Des compliments ? » Visiblement, elle n'avait rien compris.

J'ai beaucoup apprécié les gens qui ont eu le courage de dire :
« C'est bien… mais…
- Mais quoi ? »
Alors, ils me disaient les points sur lesquels ils n'étaient pas d'accord et nous en parlions. C'était très important pour moi. Cela m'a permis de préciser à certains ce qui se passait (ou qui s'était passé) en moi, car pour beaucoup, c'était l'inconnu.

NOUS ALLONS REVENIR QUELQUES ANNEES EN ARRIERE....

Samedi 3 mars 1984

Michel et moi désirons acheter un appartement. Les maisons, nous avons visité, mais très vite, il s'est avéré que ce n'était pas à la portée de notre bourse. Nous prenons la voiture et partons avec Angélique visiter des appartements vers Evry. Il fait un vent glacial, mais ces projets de devenir propriétaires nous donnent du courage. Nous en visitons trois. Nous consultons un peu notre « ingénieur en herbe ». Elle a l'air ravie. On lui montre ce qui pourrait devenir sa chambre. Elle sait déjà où elle mettra ses jouets, dans quel sens on installera son lit.
De notre côté, nous imaginons la cuisine, notre chambre...
Il faut discuter avec le représentant. On déballe des documents. À chaque fois, dès qu'on parle chiffres, nous sommes un peu moins enthousiastes. Les crédits sont chers. Nous avons de petits revenus. Nous partons en disant, un peu hypocritement : « Nous allons réfléchir ! »
Enfin, nous n'avons pas perdu notre temps. Angélique a encore une fois tapé dans l'œil d'une dame. Il nous est impossible d'aller quelque part sans qu'elle ne se fasse remarquer. Elle a des réflexions d'adulte. Elle est belle et intelligente. On me dira plus tard qu'elle était en avance sur son âge. Elle fut propre à quinze mois et parla couramment à dix-huit.

Quand nous retournons à la voiture, le vent est encore plus glacial et violent, et Angélique a du mal à tenir debout, car elle n'arrive pas à lutter contre lui. Nous montons rapidement dans la voiture et rentrons à la maison, glacés.

Je prépare un chocolat chaud, et la journée se termine autour d'un plateau chargé de petits gâteaux et de tasses fumantes.

<u>Dimanche 4 mars 1984</u>

Angélique est fiévreuse ce matin. Elle a dû prendre froid hier. Je lui prends sa température : 40° ! Je m'empresse de lui préparer un bain et je lui mets un suppositoire en attendant. Pendant que Michel la baigne, j'appelle le docteur. Je n'arrive pas à joindre le médecin que je connais. Elle n'avait pas vraiment de pédiatre, car, peu souvent malade, la plupart du temps, j'appelais SOS Médecins.

C'est donc un pédiatre que je ne connais pas qui arrive. Une femme d'une quarantaine d'années environ. Elle l'ausculte, ne lui trouve rien aux oreilles, rien aux bronches, rien à la gorge.
Elle part en me rassurant : « Pour l'instant tout est normal. Mais il se pourrait que d'ici un ou deux jours, elle déclare une maladie infantile (rougeole, varicelle…). Surveillez-la bien, gardez-la au chaud, et ne vous inquiétez pas si des petits boutons apparaissent. »
Je suis bien scrupuleusement tous ces conseils, mais Angélique est très mal. Elle ne mange rien. Sa fièvre ne baisse pas malgré les bains répétés.

Dans l'après-midi, elle commence à tenir des propos bizarres, elles voit des images que nous ne voyons pas. Elle est en plein délire. Je suis si inquiète que je ne la quitte plus. Je m'efforce de la distraire. Je lui fais écouter des disques. Elle ne les entend pas. Je lui raconte des livres. Elle s'endort.
Nous devions aller à la patinoire avec un ami. Je lui téléphone pour annuler. Il passera en fin d'après-midi pour

prendre des nouvelles. Il arrive vers 18 heures et constate qu'elle a quelques boutons. Ils viennent d'apparaître, car je ne l'ai pas quittée et je ne m'en étais pas aperçue. Rassurante, je dis à Michel que c'est sûrement la rougeole ou la varicelle, comme l'a annoncé le docteur.
Nous n'avons pas très faim, mais nous nous mettons quand même à table. « Il faut manger. »

Vers vingt heures, Angélique va plus mal. Son drap est trempé. Elle a très chaud. Tout à coup elle se met à grelotter. Ses boutons, qui ressemblaient au début à des pointes d'aiguilles, se transforment maintenant en plaques. Michel est très inquiet :
« On devrait rappeler le docteur. C'est bizarre, ces plaques, tu ne trouves pas ?
- Si, effectivement, ça ne ressemble à rien de ce que je connais. Je ne me rappelle pas ma rougeole, j'avais dix ans. Mais je ne crois pas que c'était comme ça. »
J'appelle le docteur. Je lui décris l'état d'Angélique. Elle me fait préciser :
« Ça ressemble à quoi ? à des taches de sang ?
- Oui, un peu. Des taches brunes, bordeaux. C'est difficile à dire.
- J'arrive tout de suite ! »
Et elle raccroche. Elle a l'air très inquiète. Elle arrive dix minutes plus tard. Elle traverse l'appartement en catastrophe, s'approche d'Angélique, la regarde trois secondes, pas plus. Elle est carrément affolée. Elle demande à téléphoner. Michel l'emmène dans notre chambre où se trouve le téléphone. Elle lui explique qu'elle appelle l'hôpital, que c'est urgent, qu'il faut préparer Angélique, elle nous emmène tout de suite, il n'y a pas une minute à perdre. On n'a pas le temps de l'habiller, on l'emmène en chemise de nuit. Elle n'appelle pas le Samu. Cela prendrait

du temps. Elle nous conduit dans sa propre voiture. Inutile que Michel prenne sa voiture, elle nous ramènera.

Tout va si vite que je n'ai pas le temps de réaliser. Ma fille à l'hôpital ? Mais qu'est-ce qu'elle a donc de si grave ? Le docteur se serait-elle trompée dans son diagnostic ce matin ? Angélique, malgré son état, ressent notre inquiétude. On lui explique qu'on va l'emmener à l'hôpital car elle est malade. On doit la guérir. Elle n'oppose aucune résistance mais me demande sur un ton inquiet :
« J'espère que je n'ai pas une douleur ?! »

Dans la voiture qui nous emmène à l'hôpital, les feux rouges et feux verts défilent. Le médecin me demande de tenir son caducée bien visible, car elle grille tous les feux rouges. Le silence règne dans le véhicule. Dans nos têtes défilent des tas d'images, des tas de questions. Je finis par demander au docteur :
« Qu'est-ce qu'elle a ?
- Purpura... »
Pas d'autre mot, pas d'autres explications.
« C'est grave ?
- Oui ! »
J'avais espéré un « non » évasif. J'ai peur. Je laisse couler mes larmes.
« Pleurez ! ça vous soulagera ! »

Ce docteur n'est vraiment pas rassurant. Qu'est-ce qu'elle a fait ? Elle n'a pas la conscience tranquille. Michel est assis à l'arrière. Il tient Angélique sur ses genoux. Je lui jette un regard mi-inquiet, mi-interrogateur. Il caresse le front de notre enfant. Elle est brûlante, mais calme. Elle ne dit rien, ne pleure pas. Elle semble dormir à moitié. Le docteur, soudain, demande à Michel : « Elle respire ? » Pourquoi

cette question ? Pourquoi ne respirerait-elle pas ? Il répond par l'affirmative.
Bien sûr ! m'exclamai-je intérieurement, il ne peut pas en être autrement !

Nous arrivons enfin à l'hôpital. Nous avons mis à peine dix minutes, cela m'a paru des heures. Nous descendons de voiture, je prends Angélique dans mes bras : « Pourquoi tu pleures, Maman ? » Elle est très consciente. Elle n'est pas si malade que cela puisqu'elle voit mes larmes. Nous entrons rapidement. Le médecin nous guide, appelle l'ascenseur et nous voilà déjà au service réanimation. Des blouses blanches courent dans tous les sens, déplacent des appareils. On nous prend notre fille, on la déshabille, on l'attache sur une table. Nous n'avons pas pu entrer, même pas eu le temps de l'embrasser, mais nous voyons tout ce qui se passe de la porte.
Elle se laisse faire. Elle a compris que c'est important pour elle. Je lui ai dit qu'on lui ferait une piqûre, mais qu'on était obligé, que c'était pour qu'elle guérisse plus vite.
Une blouse blanche s'approche de nous et nous dit qu'il ne faut pas rester là, que nous devrions aller nous asseoir, nous reposer. Nous sommes collés au sol. Nous lui disons que nous préférons rester là. « Comme vous voudrez, mais je dois fermer la porte. »
Elle ferme la porte. Nous continuons de regarder par le hublot. Le docteur est près d'elle, lui parle. Angélique est très calme.
La même blouse blanche revient et insiste pour que nous allions nous asseoir. Nous regardons Angélique. Le docteur lui dit : « Regarde Papa et Maman, ils sont là... »
Elle tourne la tête vers nous et nous sourit. Le pédiatre nous dira plus tard qu'elle nous a jeté à ce moment-là un regard plein d'amour. Nous nous sommes éloignés à regret. Nous

ne devions pas la revoir vivante, mais je n'y croyais pas, malgré ce qu'avait pu nous dire le docteur.

On nous installa dans une chambre. L'attente fut longue. Michel me manifesta son pessimisme. Il savait déjà ce qui allait arriver. Pour moi, Angélique était à l'hôpital, donc entre des mains expertes, donc sauvée.
Deux heures plus tard, le pédiatre revint :
« Je vais vous raccompagner chez vous. Il faut vous reposer. Ca ne sert à rien de rester ici. On a fait tout ce qu'on a pu. Maintenant, il faut attendre.
- Comment va-t-elle ?
- On ne peut rien dire avant vingt-quatre heures. Votre petite fille est en train de lutter entre la vie et la mort. Elle se défend bien, mais ce qu'elle a est très grave. C'est une maladie qu'on ne sait pas encore guérir, car le microbe va très vite. Cela s'appelle le « purpura fulminans » (fulminans veut dire « qui va très vite », foudroyante). De plus, vous devez savoir que si elle guérit, elle risque de garder de graves séquelles.
- Lesquelles ?
- Ses jambes ! »
Des images défilent. Je la vois à la patinoire faisant la course avec moi. Elle est si douée que je n'arrive pas à la rattraper. Je la vois aussi, dansant la « danse des canards » et riant aux éclats. Je la vois à la piscine, sur le bord et sautant dans l'eau. Je revois nos balades en forêt, Angélique nous poursuivant avec son vélo. Qu'est-ce qu'on doit lui souhaiter ? Mourir ? Vivre dans un fauteuil et regarder les enfants courir ? Quel parent est capable de faire un tel choix ? Heureusement, la vie ne vous laisse pas décider, elle le fait pour vous... Dire qu'elle est toujours juste... à vous d'en juger...

Quand nous sommes partis de l'hôpital, une infirmière nous bouscula un peu dans l'escalier, car elle allait chercher du sang. Le docteur nous expliqua qu'on allait lui changer son sang pour la deuxième fois.

Le docteur nous raccompagna chez nous comme elle l'avait promis. Il était minuit, pourtant elle resta longuement avec nous pour nous expliquer la maladie, les risques pour Angélique. Elle nous dit clairement qu'Angélique risquait de mourir, mais je n'y croyais pas. J'avais confiance. Cela ne pouvait pas nous arriver à nous. Et puis, elle était à l'hôpital. Les médecins faisaient tout leur possible pour la sauver.

Quand le médecin nous quitta, il était près d'une heure du matin. Elle nous conseilla de dormir. Je crois que nous avons dormi. Avant de nous coucher, nous avons appelé l'hôpital pour avoir des nouvelles. Nous avons eu au téléphone un médecin qui avait une voix très grave. Il parlait lentement, il avait l'air de prendre beaucoup de précautions : « Oui, madame Massardi... Votre petite fille ne va pas bien... On ne peut encore rien dire... Il faut attendre... Elle lutte contre la mort... Vous êtes inquiets ? Je vous comprends. Vous avez raison d'être inquiets. »

Le téléphone sonne. Je me réveille en sursaut. Tiens ? Nous avons quand même réussi à dormir ! Angélique ! Ah oui ! elle est à l'hôpital. C'est sûrement l'hôpital qui appelle. Elle doit aller mieux maintenant.
« Allô ?
- Oui !
- Madame Massardi ?
- Oui, monsieur ?
- Votre mari est-il là ? C'est l'hôpital...

- Oui, il est là. Comment va Angélique ?
- Madame... il va vous falloir beaucoup de courage... Elle ne souffre plus... C'est fini... »
Je tombe à la renverse. Je crie. J'entends dans l'appareil :
« Madame ... passez-moi votre mari... »

Je n'entends plus rien. Je me tourne dans tous les sens. Je crie. Je n'arrive pas à pleurer. La chambre se met à tourner. J'ai envie de vomir. J'ai très mal. Michel prend l'appareil. Je ne vois plus rien. J'ai l'impression que ma tête va exploser.
Michel raccroche, me prend dans ses bras. Nous pleurons ensemble. C'est sans doute un cauchemar. Nous allons nous réveiller. Angélique viendra nous embrasser.
J'appelle madame Duval. Elle est consternée. Elle ferme la crèche, et arrive tout de suite.
Je pense à Maman. Non ! je ne peux pas lui annoncer une pareille nouvelle. Elle, si fragile ! il faut que quelqu'un lui annonce, en douceur, pas par téléphone.
J'essaie de joindre ma marraine Elle n'est pas chez elle. Tant pis ! il faut appeler Maman. J'ai peur, ça va la tuer.
« Allô ! Maman ? Excuse-moi, je te demande pardon. Je vais te faire beaucoup de peine.
- Qu'est-ce qui se passe ?
- Assieds-toi. Un malheur est arrivé... Je n'ai plus d'Angélique...
- Comment ? Ce n'est pas possible... »
La suite, je ne m'en souviens plus. Il y a comme un brouillard, des mots, des pleurs, des silences.
Elle me rappelle une demi-heure plus tard :
« Nous arrivons. Nous prenons la route. Nous serons là vers midi.
- Qui, nous ?
- Papa. Moi. Une de tes sœurs, je ne sais pas encore laquelle.

- Papa, ce n'est pas la peine
- Allons Danièle, si ! sois raisonnable ! »
Être raisonnable ! On me demandait d'être raisonnable ! Mon père qui ne m'avait jamais aimée, je devais subir sa présence aujourd'hui. Les seules marques d'attention qu'il ait pu me donner en vingt-six ans ont été des coups de bâtons et de magistrales raclées. Et on me demandait d'être raisonnable ! Je ne discutai pas, je n'en avais pas la force.

Madame Duval arriva. J'étais dans mon bain :
« Entrez ! Je n'ai plus rien ! Je suis toute nue. Tout m'est égal maintenant. Vous savez ce que c'est qu'une femme dans sa baignoire ?! »
Elle entra. M'embrassa. Nous avons pleuré longtemps ensemble.

Le médecin de l'hôpital avait dit à mon mari qu'il désirait nous rencontrer. Je demandai à madame Duval de nous accompagner et d'assister à l'entretien, car j'étais sûre que ce qui allait nous être dit, je ne l'entendrais pas, et je désirais avoir un témoin qui puisse me redire par la suite les choses qui auraient pu m'échapper.
« Votre petite fille ne souffre plus. Nous avons fait tout ce qui a été possible, malheureusement cette maladie progresse à une telle vitesse que dans la plupart des cas, on ne peut rien faire. Elle a été dans le coma à partir de vingt-trois heures. Elle n'a pas souffert et ne s'est rendu compte de rien.
Si je peux me permettre de vous donner un petit mot de consolation... Enfin, je pense qu'il faut vous dire... Si elle avait vécu... Elle aurait perdu l'usage de ses jambes... »
Mon mari s'exclama aussitôt :
« Alors, je crois que c'est mieux ainsi ! »
Madame Duval me confia plus tard :

« Là, votre mari a eu une parole de père ! »
J'étais bien d'accord sur ce point. Nous aimions trop notre fille pour la préférer vivante, dans un fauteuil roulant. Un handicap, on n'en guérit pas, on l'a tous les jours sous les yeux et ça dure des années. La mort fait très mal au début, mais le temps cicatrise les plaies, et un jour, on se remet à sourire, à danser, à faire la fête. On n'oublie pas, mais on ne souffre plus.

Quand mes parents sont arrivés, j'étais au lit. Je n'arrêtais pas de vomir. Cela faisait très mal. Comme je ne tenais pas debout, mes parents sont entrés dans la chambre. Mon père m'a embrassée et je crois qu'il pleurait. Il a murmuré : « Ma fille !... »
Cela faisait vingt-six ans que j'étais sa fille. Il ne s'en apercevait qu'aujourd'hui. Il avait fallu ce malheur pour qu'il se souvienne qu'il avait une fille de vingt-six ans. J'ai souvent eu cette parole par la suite : « Je l'ai payé cher, ce père ! » Je lui en ai beaucoup voulu. Maintenant j'ai compris beaucoup de choses et je ne lui en veux plus.
Maman avait fait une dépression plusieurs années avant, et elle n'en était pas vraiment remise. Elle subissait de fréquentes rechutes. J'ai eu très peur pour elle, car chaque rechute correspondait souvent à un drame familial, un souci ou une contrariété.
Je fus très surprise de remarquer très vite qu'en fait, elle se sentait de nouveau indispensable. J'avais besoin d'elle. Elle a bien tenu le coup. Chaque fois que nous nous rencontrions c'était drôle.
Je me maquillais pour paraître avoir une bonne mine. J'évitais de pleurer devant elle. Quand cela arrivait, je me cachais. Je ne voulais pas qu'elle souffre, je prenais soin d'elle. Ce qui était drôle, c'est qu'elle en faisait autant.

Elle alla pendant longtemps tous les jours au cimetière, parfois à plusieurs reprises au cours de la même journée. Cela ne me plaisait guère, car d'abord je me culpabilisais : « Si elle rechute, ce sera notre faute, nous n'aurions pas dû choisir d'enterrer notre fille dans le village de mes parents. C'est trop près. C'est pour cela qu'elle y va si souvent. »
Ensuite, je n'y allais moi-même que très rarement. Pourtant c'était moi la mère. Et je n'y allais pas. C'était trop dur pour moi. Je ne pouvais supporter l'idée qu'Angélique se trouvait là-dessous, sous cette grosse pierre froide. J'en revenais démolie, en larmes.
Mon grand-père maternel est décédé alors que j'avais deux ans. Mes parents ne voulaient pas me choquer en me disant la vérité. Ils croyaient que de toute façon à deux ans, on ne comprend pas. « Tu sais, ton grand-père, il est parti en voyage... »
Je ne demandai pas d'autres explications, mais dans ma petite tête, j'attendis patiemment son retour !... (Je n'avais peut-être pas la notion de la mort, mais je possédais bien celle du voyage, et je savais qu'au bout du voyage, il y a le retour !)
Un jour, je devais avoir cinq ans, et j'attendais toujours. Je questionnai ma grand-mère paternelle qui vivait tout près de chez nous. Il faut dire, pour bien comprendre sa réponse, que ma mère et elle ne s'entendaient guère. Chaque fois que ma grand-mère pouvait se montrer désagréable avec Maman, elle ne se gênait pas. « Ton grand-père ? Ah ! *(elle riait)* Tu n'es pas prête de le revoir. Tu sais ce qu'on en a fait de ton grand-père ? Eh bien, on l'a mis dans un trou, et on a jeté de la terre dessus ! »

J'ai toujours gardé cette image de la mort et aujourd'hui je me pose cette question : Comment peut-on expliquer la mort à un enfant sans le choquer ? Quels mots faudra-t-il utiliser pour dire à Aurore où se trouve sa sœur ? J'ai si peur qu'elle ait cette image à l'esprit ! Lui parler du Ciel ? Quand on n'y croit plus !...Pour moi, même si je n'y crois plus, je trouve cette image plus jolie.

Un jour que j'arrosais les fleurs de ma mère, celles qui ornent les fenêtres de sa maison côté rue, elle se pencha vers moi et me demanda :
« Danièle, il faut que je te pose une question. Mais je ne voudrais pas te faire pleurer. Est-ce que je peux te poser une question difficile ? Tu n'es pas obligée d'y répondre.
- Vas-y ! je t'écoute.
- Pour toi, maintenant, elle est où, Angélique ? »
Je fus littéralement saisie par cette question. Je restai quelques secondes sans voix, puis je fondis en larmes. Maman s'excusa. C'était justement la question qu'il ne fallait pas me poser !...
« Je ne sais pas, bredouillai-je... En tout cas, pas là où tu portes des fleurs chaque jour ! Je ne peux pas supporter cette idée. Peut-être au ciel, mais je n'y crois plus. Elle est loin... très loin maintenant... »
Ces mots firent redoubler mes larmes et je m'enfuis me cacher dans le jardin.

Dans le travail de deuil, la chose la plus difficile à vivre, c'est ce que je viens de décrire, cette sensation d'éloignement, cette deuxième mort, et pour moi, cela a été une période très douloureuse. Heureusement, j'ai été très aidée à ce moment-là par ma psychothérapie.

J'ai pu sans me culpabiliser aller de moins en moins souvent au cimetière. Il est arrivé que nous passions un week-end ou quelques jours chez mes parents, sans que je n'éprouve le besoin de faire ce pèlerinage. À quoi cela servait-il de se torturer ainsi ? Moi qui parvenais si facilement à penser à ma petite fille, à lui parler. Au début, souvent elle me répondait. Puis petit à petit, ses réponses se firent plus lointaines. Je lui en ai voulu. Je la sentais s'éloigner. Un jour, je ressentis le besoin de regarder des photos, car j'avais cru avoir oublié son visage.

Enfant, j'avais reçu une éducation religieuse. Je croyais en Dieu. J'ai perdu la foi à la mort d'Angélique. Mais quand on a cru pendant vingt-six ans qu'il existait quelqu'un au-dessus, qui voit tout, entend tout, il est difficile du jour au lendemain de se dire qu'il n'y a plus rien.
J'ai donc mis Angélique à cette place. Elle était mon Dieu. Elle me protégeait. Il ne m'arriverait désormais plus rien de grave puisqu'elle veillait sur nous. Or cette année-là, il nous est arrivé plein de « tuiles ». J'enrageais. Je levais les yeux vers le ciel et je m'écriais intérieurement : « Alors, Angélique ? Qu'est-ce que tu fous là-haut ? »
Un jour je me suis dit qu'elle me signifiait tout simplement : « Tu dois continuer à te battre. Je ne peux rien pour toi. Ce n'est pas parce que je suis ici que tu es à l'abri de toutes les catastrophes. La vie est ainsi faite. »

Je me souviens que, quand je l'emmenais à l'école, il y avait sur le trottoir, à la descente du bus, un parterre qu'Angélique prenait soin de contourner afin de ne pas salir ses chaussures. Quand je faisais exprès (pour voir sa réaction) de passer dessus, elle me tirait par la main et me disait : « Non, pas là ! c'est sale ! »
Après sa mort, j'ai pris soin, en souvenir d'elle, de contourner cette zone interdite. Puis quand je m'aperçus qu'elle s'éloignait ainsi, je fus tellement en colère après elle que je passais là, exprès, tous les matins en lui disant mentalement : « Voilà ! c'est bien fait pour toi ! Tu n'es plus là pour m'en empêcher, ça t'apprendra ! » Et je me faisais un vrai plaisir de bien salir mes chaussures, et je pataugeais comme une enfant dans la boue. Ma souffrance était si forte, l'absence et le vide si grands qu'il m'était indispensable de manifester ma colère et mon sentiment d'injustice de cette manière. Même si cette anecdote peut paraître un peu fantasque, elle était nécessaire. C'est comme cela que j'ai progressé dans mon travail de deuil. C'est un travail très long et très pénible, parsemé de différentes étapes, et par lesquelles on est obligé de passer.

Je revois avec une grande tristesse les matins où, une fois installée dans le bus, je sursautais : « Zut ! J'ai oublié d'aller chercher Angélique à la maison ! » Ou le soir après le travail : « Zut ! j'ai oublié d'aller chercher Angélique à l'école ! » Quelques secondes après, je réalisais l'énormité de cette réflexion et je pleurais. J'ai eu très peur de devenir folle.

Combien de fois ai-je cru, la nuit l'entendre pleurer ? Combien de fois ai-je failli, le matin, après avoir fait ma toilette, aller la réveiller pour l'emmener à l'école.

Le pire de tout, quand on perd un enfant, c'est de s'habituer à l'absence, se mettre dans la tête qu'il n'est plus là, et ne sera plus jamais là.

Ce vide a été d'autant plus grand que nous étions, mon mari et moi, en pleine crise. Notre couple allait à la dérive et nous étions au bord du divorce. Quand Angélique nous a quittés, nous nous sommes retrouvés seuls, face à face, avec plus rien à nous dire. Une amie m'a dit : « Après ce qui vient de vous arriver, il peut se produire deux choses. Ou bien vous allez vous retrouver, « recoller les morceaux » et vous obtiendrez alors quelque chose de très solide, ou alors c'est le divorce. » Elle ne s'était pas trompée, nous avons bien recollé les morceaux et croyez-moi, maintenant, c'est du solide. Mais pour en arriver là, il a fallu surmonter bien des embûches, et en premier : les week-ends. Quand je me réveillais le samedi matin, j'errais dans l'appartement, j'entrais dans la chambre vide, et je me demandais comment nous allions occuper ces deux jours. Les week-ends m'ont paru durer une éternité. Puis petit à petit, nous avons réappris à être deux, nous nous sommes redécouverts. Les années avaient passé. Nous avions changé l'un et l'autre, et nous portions un lourd fardeau.

Puis nous sommes partis en vacances en Espagne - comme je l'ai déjà dit - et nous avons joué les amoureux ; je n'étais pas très convaincue, mais nous avons fait comme si nous en étions à notre première rencontre. C'était d'ailleurs un peu le cas (nous avions tellement changé !) Comme nous ne nous parlions plus depuis plusieurs années, nous étions devenus des inconnus l'un pour l'autre.
Après cette « rencontre », nous sommes tombés amoureux, et c'est le cas de le dire, nous sommes repartis de zéro. Un

jour, nous avons eu envie d'un enfant. Nous l'avons fait, et nous sommes aujourd'hui comblés par notre petite Aurore.
Cela paraît merveilleux, mais aussi invraisemblable. Comment deux êtres qui ont cessé de s'aimer, qui ont pris tellement de distance, peuvent-ils tout recommencer ? Si quelqu'un connaît la réponse, qu'il me la fasse savoir. C'est sûrement un des milliers de mystères de la vie.

Puisque je parle d'amour, je voudrais aborder un sujet très important dans la vie d'un couple qui vient de perdre un enfant : les rapports sexuels.
Quand j'ai perdu Angélique, je ne supportais plus que mon mari me touche. Mon raisonnement était le suivant ; c'est comme cela que tout a commencé. Nous étions amoureux, nous avons fait l'amour, j'ai été enceinte, Angélique est née... Quatre ans et demi plus tard, elle décédait. À quoi tout ce bonheur a-t-il servi ? Est-ce que cela a été utile d'être si heureux, pour être si malheureux par la suite ?

Donc, je refusais de faire l'amour. Il m'a fallu beaucoup de temps, de patience pour mon mari et de compréhension aussi.
Puis je me suis un peu forcée, j'ai voulu lui faire plaisir, persuadée que pour moi, tout était fini, et que je ne connaîtrais plus jamais le bonheur. La première fois que j'ai de nouveau éprouvé du plaisir, j'ai eu honte. Comment pouvais-je prendre du plaisir alors que ma fille était morte ? J'étais une mère monstrueuse, une mère dénaturée. Puis ces « petits plaisirs » se multiplièrent, j'eus de moins en moins souvent honte, et peu à peu, je redevins une femme comme les autres. Je n'enlevais pas de mon esprit qu'Angélique me voyait, mais je me disais que, bien au contraire, si elle me voyait, elle était heureuse et qu'elle voulait que les choses se passent ainsi.

M ALGRE TOUT, LE DEUIL SE FAIT EN SOLITAIRE, et il ne faut pas s'imaginer pouvoir compter sur l'autre pour alléger sa peine.

D'abord, on est deux à être malheureux, et on ne peut rien pour l'autre, puisqu'on partage la même peine. Ensuite, chacun a sa manière de réagir. L'un voudra des photos de l'enfant perdu dans toutes les pièces, l'autre ne pourra supporter de croiser le regard de l'enfant disparu. L'un voudra se séparer de toutes les affaires de son enfant, l'autre voudra tout garder.
C'est pour cela que je ne prétends pas donner des recettes à des parents qui viennent de perdre un enfant. Il n'y a pas de recettes. Je peux simplement dire aux gens ce qui m'a fait du bien, comment je m'en suis sortie. Cela ne veut pas dire que quelqu'un d'autre obtiendra le même résultat en faisant comme moi.

Un jour Michel m'a dit :
« Tu sais, j'ai envie de démonter l'armoire d'Angélique.
- Le jour où tu feras cela, tâche de m'en parler avant.
- Pourquoi ?
- Parce que je ne suis pas d'accord. Je ne veux pas que tu touches à cette armoire. Je veux qu'elle reste à l'endroit et dans l'état où elle est actuellement.
- Mais je ne veux pas l'enlever, je veux la transformer en penderie.
- NON ! »

Un dimanche que je me levais tard (cela raccourcissait mes week-ends), j'entendis des bruits de scie. Je me levai et je surpris Michel, agenouillé au milieu d'un tas de planches dans la chambre d'Angélique, et qui sciait allègrement.
« Qu'est-ce que tu fais là ?

- Et bien tu vois, je transforme cette armoire ;
- Je t'avais dit que je n'étais pas d'accord.
- ... »
Je me réfugiai dans la salle de bain pour pleurer. J'entendis les bruits de scie repartir de plus belle et une image terrible m'apparut. Je voyais Michel sciant le corps d'Angélique. Je me précipitai dans la chambre pour lui dire d'arrêter, et c'est tout juste si je ne vis pas du sang couler des planches. Je m'habillai et m'enfuis de la maison. Je ne savais pas où aller. Je pensais à cette armoire. De toute façon, il était trop tard, il avait scié, je ne pouvais pas lui dire de la remonter à son état d'origine. Je rentrai dans l'après-midi, un peu calmée, espérant qu'il aurait compris et que je ne trouverais aucune trace de son méfait. Même si l'armoire avait disparu, je me disais que nous n'aborderions plus ce sujet, que si, pour lui c'était important d'agir comme ça, je devais respecter ses réactions. En ouvrant la porte, j'entendis encore les plaintes du bois écorché par les dents de scie. Michel ne s'était pas aperçu de mon absence ! Nous n'en avons jamais vraiment parlé et je lui ai longtemps gardé rancune pour cet acte.

Je ne peux pas parler de mon travail de deuil, sans dire l'importance qu'a eue mon entourage. Les deux personnes qui ont joué le plus grand rôle (je ne parle pas de ma psy) ont été madame Duval et Cécile. Cécile a été et considère être toujours la marraine d'Angélique. Madame Duval est la directrice de la crèche familiale où je travaille comme secrétaire.

Il est très important, quand on travaille, de garder présent à l'esprit qu'il ne faut pas confondre travail et vie privée. Mon ancienne directrice m'a dit un jour : « Quand vous arrivez au travail, vous êtes priée de laisser votre vie privée à la

porte. » (Elle venait de me trouver en larmes en entrant dans mon bureau : je venais de recevoir un coup de téléphone m'annonçant que ma mère venait de faire une tentative de suicide, qu'elle était dans le coma !)
Elle avait parfaitement raison ! Pourtant, quand on a perdu un enfant, il arrive que le chagrin soit plus fort et que l'on ait besoin de parler. Madame Duval, dont l'une des qualités est d'être extrêmement humaine, a su, souvent, lire sur mon visage la détresse.

Quand elle arrivait le matin, sans que je n'aie seulement ouvert la bouche, elle me regardait et me demandait :
« Ça va ?
- Oui, ça va !... »
Certains jours, c'était vrai. Ça allait. Mais d'autres jours, c'était faux, et elle le devinait :
« Non, Danièle, ça ne va pas ce matin ! »
Je fondais en larmes. Elle savait ces jours-là que j'avais besoin de parler. Elle s'asseyait et nous parlions. Elle m'accompagnait dans mon chagrin tout le temps nécessaire, et le travail de la crèche attendait. Mais je savais arrêter assez rapidement et c'était toujours moi qui disais : « Bon, maintenant il faut travailler ! »
Je m'excusais, je remerciais, tout en sachant que je n'avais pas à le faire. Peut-être m'en a-t-elle voulu un peu quelquefois de ces formules routinières qu'elle ne me demandait pas. Je voudrais lui rendre une justice. Une psychologue lui a dit un jour : « Ah ! quand on a des enfants, on comprend ce que Danièle peut éprouver ! »
Madame Duval m'a redit ces paroles qui l'avaient blessée, et comme elle, j'ai été scandalisée. De la part d'une psychologue surtout. Trois ans plus tard, je peux le dire, elle a été l'une des personnes qui m'a le mieux comprise. Bien

sûr, elle n'a pas « connu le bonheur d'être mère », mais il y a bien des mères qui n'en possèdent que le titre.
Madame Duval a su aussi comprendre les moments où j'étais malheureuse, mais où il ne fallait rien dire. Le chagrin s'exprime aussi quelquefois en silence. Ce n'est pas toujours facile à deviner et il faut être fin psychologue pour cela.

Ces relations que je décris avec ma directrice sont quelquefois dangereuses et je crois que l'une comme l'autre avons su rétablir les choses quand le moment en était venu. Nous étions devenues, à une époque, un peu comme mère et fille et cela provoqua un décalage dans nos relations professionnelles. Cela m'a gênée, et, avec l'aide de ma psychothérapeute, j'ai vite compris que cela ne pouvait pas durer. Ou bien elle restait ma mère et moi sa fille, et elle ne pouvait pas rester ma directrice, ou bien elle redevenait ma directrice, et je cessais de pleurer sur son épaule.

Et ma mère dans tout ça ? Ma vraie mère ? Il fallait bien qu'elle reprenne sa place, elle aussi ! Bien sûr, il y avait la distance, deux cents kilomètres. Entre une mère et sa fille, c'est quelquefois dur, même si elle me téléphonait souvent.
Au moment de la mort d'Angélique, ma mère a rencontré madame Duval, et elles ont parlé à plusieurs reprises en tête à tête. Elles se sont aussi écrit et téléphoné. Je n'ai jamais su ce qu'elles se sont dit, mais j'ai senti peser sur moi comme une protection. Comme si ma mère, du fait de la distance, pensait ne pas pouvoir remplir son rôle de mère, et déléguait ses pouvoirs à madame Duval. J'imagine très bien les mots : « Veillez sur elle ! Prenez soin d'elle. Je ne suis pas là. Tenez-moi au courant. J'aimerais tellement être là pour l'aider. »

Je les revois trois jours après la mort d'Angélique, sortant du bureau, avec dans les yeux, un air de connivence. Cela m'a beaucoup rassurée, car c'est vrai que j'ai eu besoin d'une mère... quelle qu'elle soit. Et j'ai eu de la chance d'en avoir deux pendant la période de deuil. A aucun moment, je n'ai pensé que c'était trop. D'abord parce qu'elles étaient très différentes l'une de l'autre et qu'il n'y a jamais eu de confusion possible pour moi. Ensuite, parce que parallèlement, je faisais une psychothérapie et que ma psy me rappelait à l'ordre souvent pour que je remette les choses à leur vraie place dès que possible.

Je sais maintenant que c'était nécessaire. Il y a un temps pour tout. J'ai eu besoin d'être maternée, cela m'a aidée à grandir dans mon deuil, mais il vient un moment où il faut quitter sa mère et entrer dans la vie. Cela a peut-être été d'autant plus difficile pour moi que j'avais deux mères à quitter...

Après trois ans de deuil, les gens s'autorisent à nouveau à parler, à dire comment ils ont vécu les choses avec nous, ce qu'ils ont observé de nos réactions. Il y a une phrase qui revient continuellement : « Tu as été courageuse ! »

Qu'est-ce que ça peut m'agacer d'entendre cela ! Non, je n'ai pas été courageuse, je me suis précipitée chez un psychiatre pour éviter la dépression nerveuse, et peut-être le suicide. D'accord, je m'y suis accrochée et je suis allée jusqu'au bout. Certains disent que c'est le courage, pour moi, le courage, c'est tout autre chose.

Si je tiens debout encore aujourd'hui, c'est grâce à ceux qui m'ont aidée, qui sont venus me voir, qui m'ont téléphoné. Pas un instant, je n'ai été seule ; si je l'ai été, c'est par ma faute. Il me suffisait de décrocher le téléphone et à l'autre bout, il y avait toujours une voix apaisante pour me répondre ; c'est peut-être un peu ça le courage, décrocher le téléphone et dire : « Ça ne va pas ! je suis malheureuse. »

Je voudrais un jour faire une grande fête avec tous ces gens qui m'ont soutenue pendant ces épreuves. Parce que le courage, ce sont eux qui l'ont eu. N'est-ce pas courageux, le dimanche, de mettre son mari, ses enfants, le chien dans la voiture et, au lieu d'aller pique-niquer au bord de l'eau, de rendre visite à des parents qui n'ont plus leur enfant ? N'est-ce pas courageux, ce même jour, de les inviter à votre table en vous demandant ce que vous aller bien pouvoir leur raconter ? Faut-il parler d'Angélique ? Faut-il éviter à tout prix ce sujet-là ? Eux seuls pourront vous le dire, laissez-les mener la conversation. Mais n'ayez pas peur de pleurer avec eux si l'occasion se présente.

Que répondre à une maman qui vous appelle en larmes :
« La maison est vide, je suis perdue, je veux ma fille. »
Il n'y a rien à dire ! Écouter. Dire que vous êtes là, que vous comprenez, inutile de faire de grands discours. Elle n'attend pas tant de vous. Déjà elle va mieux. Elle pleurait, n'arrivait pas à se calmer ; alors comme on prend un somnifère, elle a composé votre numéro.
Ça sonne, trois fois... dix fois... Personne. Elle replonge dans son désespoir. Une heure plus tard, elle refait une tentative. Ah ! c'est occupé. Ils sont là. Elle sèche ses larmes... Elle va déjà mieux. Elle respire à fond, s'installe confortablement sur le canapé, repose sa tête sur le dossier, ferme les yeux. La voilà détendue. Elle compose de nouveau le numéro :
« Allô ?
- Allô... C'est moi...
- Comment vas-tu ?
- ... Pas fort, je ne sais pas quoi dire, j'avais le cafard, j'ai pensé vous appeler... Maintenant que vous êtes au bout du fil, je n'ai plus rien à dire...
- Ça ne fait rien, je suis là... Tu as bien fait de nous appeler. Que diriez-vous de venir manger demain avec nous ? »
Et voilà ! cette personne avait compris le message, message de détresse, appel au secours...
Cela paraît tout simple comme ça. Mais bien des gens ne savent pas. Nous avons perdu beaucoup d'amis avec la mort d'Angélique. Nous en avons rencontré quelques-uns par hasard.
« Excusez-nous, nous avouaient-ils gênés, on n'a pas osé aller vous voir, vous comprenez... avec les enfants. »

Je ne leur en veux pas. La mort fait peur. C'est comme un mal contagieux. Mais ils ont eu tort de penser que cela nous ferait du mal de voir leurs enfants. Je n'allais tout de même pas tuer tous les enfants de la terre sous prétexte que j'avais perdu la mienne. Au contraire, j'avais besoin des enfants, de les prendre dans mes bras, de les embrasser. Ça me manquait tellement ! C'est peut-être surtout de cela qu'ils avaient peur. Mais je savais m'arrêter à temps, je me fixais toujours des limites. Il n'était pas question de remplacer Angélique par les enfants des autres. Seulement le besoin de combler un vide. Une mère ne peut-elle prêter son enfant dix minutes, si cela suffit à l'autre pour refaire son plein de bonheur ?

C'est ça qui m'a fait souffrir le plus, ces bras vides qui ne berçaient plus, c'est comme si on m'avait enlevé une partie de moi-même. Je n'ai pas oublié ces regards de pitié quand je cajolais un enfant sur mes genoux, j'en ai eu honte parfois.

Aujourd'hui, Aurore me rend au centuple tout ce bonheur perdu. Elle arrive souvent à me faire oublier. Elle est si tendre, si câline. Elle n'arrête pas d'envoyer des baisers avec sa main, de se blottir contre mon épaule et de se tortiller pour me faire comprendre que je dois la bercer. Quelquefois je me demande si elle n'a pas déjà compris. J'ai eu peur de ne pas l'aimer quand j'étais enceinte, j'en ris maintenant. Je l'aime autant sinon plus. Depuis qu'elle est née, le soleil brille à nouveau sur ma vie. Elle est mon rayon de soleil. Quand je rentre dans sa chambre le matin, qu'elle me tend les bras et applaudit à la joie de me voir, son visage radieux m'éblouit au point que j'en oublie d'ouvrir les volets. Je me précipite pour la prendre dans mes bras, et nous nous laissons aller à la fête du bonheur.

Je ne peux pas expliquer la façon dont je suis sortie du tunnel sans parler de Cécile.

Cécile est une amie d'enfance, ma meilleure amie, et nous l'avons choisie comme marraine d'Angélique. Elle ne venait pas très souvent à la maison car elle était très prise par son travail, mais quand elle venait, les moments qu'elle passait avec Angélique étaient si riches que cela compensait largement. Quand elle arrivait, elles s'enfermaient dans la chambre et se disaient des secrets. Si j'avais le malheur d'entrer, je me faisais mettre à la porte par ma fille.

J'aimais beaucoup ces rapports qu'elles entretenaient, des rapports privilégiés car il n'y avait que Cécile qui faisait cela et Angélique aimait beaucoup sa marraine. Je revois une photo où Angélique faisait le service à table. J'avais fait une charlotte et elle en servait une part à Cécile. Sur cette photo, elles ont un regard complice, le même sourire, le même âge ! C'est la photo du bonheur.

Cécile aimait beaucoup Angélique, et Angélique le lui rendait bien. Quand j'ai appelé Cécile pour lui annoncer sa mort, elle ne voulut pas le croire.

Je me souviens que je l'avais appelée le soir de son hospitalisation pour lui dire ce qui se passait. Il était onze heures du soir, je me suis excusée :

« Il est tard, mais je pense que si nous ne t'avions pas prévenue, tu nous en aurais voulu.

- Ah ! ça c'est sûr. Tu as bien fait, tiens-moi au courant, j'espère que ça va s'arranger, n'hésite pas à m'appeler au bureau s'il se passait quoi que ce soit, ou si vous aviez besoin de moi. »

Le lendemain à huit heures, quand nous avons appris le drame, la première personne que j'ai eu l'idée d'appeler, ce fut elle. Comme elle n'était déjà plus chez elle, j'ai appelé au bureau. Elle n'était pas encore arrivée, je laissai un message, elle me rappela aussitôt. Pendant toute la semaine, elle vint à la maison tous les soirs et je dois dire qu'avec ma mère, elle a su nous épauler efficacement ; elle a su aussi pleurer avec nous et c'était important, mais le plus extraordinaire, c'est que toutes les deux, elle et ma mère, elles ont réussi à nous faire rire, oui rire ! Cela paraît monstrueux, mais elles nous ont fait piquer des fous rires à table, dont je me souviens encore. J'ai su plus tard qu'à d'autres moments, elles s'enfermaient dans la cuisine toutes les deux pour pleurer.

Voilà ce que j'appelle le courage.

Les années qui ont suivi cette terrible période, elle est restée très présente, très disponible, toujours à l'écoute. Il m'est arrivé de lui téléphoner en pleine nuit. Je m'excusais, je n'avais rien à lui dire. « Ça ne fait rien, tu as bien fait de m'appeler, je suis là, je ne peux rien faire pour toi, mais si « être là » peut t'aider, n'hésite pas, je suis là. Tiens, justement, je viens de recevoir des photos d'Angélique, tu sais ? les dernières que nous avions faites chez moi, vous voulez les voir ?
- Oh non ! il est tard ! » (Il était une heure du matin.)
« Ça ne fait rien, si cela vous fait plaisir, venez. »
Une demi-heure plus tard, nous sonnions à sa porte. Elle avait fait du thé, mis un disque de Joan Baez, elle nous recevait en pyjama.

Je ne crois pas qu'on puisse trouver mieux en amitié. En tout cas, je n'en ai pas rencontré d'autre de cette qualité.
Aujourd'hui, je vais mieux et c'est grâce à elle. J'ai le sentiment d'avoir une dette que je ne pourrai jamais lui rendre, et j'espère bien n'avoir jamais à le faire. C'est une des raisons qui m'ont poussée à écrire ce livre, car c'est ma façon à moi de remercier tous ceux qui m'ont, un peu, ou

beaucoup aidée. Si un jour ce livre est édité, ce que je souhaite, et qu'il peut être utile à quelqu'un, j'aurai le sentiment d'avoir remboursé ma dette.

DIEU,

J'ai cru en toi, longtemps, avec ferveur. Cela m'a attiré les moqueries de mon oncle qui était athée. Il m'avait surnommée « Sœur Adèle ».

En me prenant Angélique, tu m'as administré une gifle magistrale. J'ai d'abord cru que tu me punissais de quelque chose. Je suis comme tout le monde, je suis loin d'être parfaite, et je n'ai pas eu de mal à me trouver des péchés. Mais un jour, mon beau-frère Pascal m'a répondu à cela : « Quel péché mérite une telle punition ? »
J'ai commencé à douter, puis petit à petit, j'ai perdu la foi, mettant à ta place, Angélique. Ma nouvelle religion fut aussi ma psychothérapie, et à elle je crois très fort. Et je veux le crier bien haut. Le seul moyen de s'en sortir quand on va mal, c'est la psychothérapie. D'accord, c'est dur. Souvent on doit se donner des coups de pieds au derrière pour continuer. Mais si on veut vraiment guérir, on trouve la force.

Dernièrement, je t'ai lancé un défi. J'ai été profondément choquée par le viol et l'assassinat de la petite Céline près de Marseille. Choquée parce que je sais ce que c'est que perdre un enfant. Je pensais aux parents de Céline en me disant que la douleur qu'ils devaient éprouver était bien pire que la mienne. Je réalisais la monstruosité de ce crime et je me suis posé cette question : « Si Dieu existe, comment a-t-il pu permettre cela ? »
Puis j'ai souhaité très fort que pareille chose ne se reproduise pas. J'ai prié ! Pour renforcer ma prière, le jour du baptême de mon petit garçon, Hervé, j'ai demandé au curé une intention de prière pour Céline, et pour toutes les

petites filles (j'ai des nièces de cet âge). Le curé a retransmis mon message d'une manière très émouvante et j'ai vu des yeux briller et se remplir de larmes. Tout le monde priait très fort. Dans le mois qui a suivi, trois autres meurtres identiques ont fait la une des journaux.
Alors j'en arrive à cette conclusion : Tu n'existes pas. Ou alors si tu existes, tu es le diable et tu t'es moqué de nous, en permettant aussi rapidement ces nouveaux assassinats.
En tout cas, tu as répondu à ma question !

Ça me fait penser à une réflexion de mon beau-frère, Jean-Pierre. Un soir que nous bavardions après le repas, la conversation glissa sur Angélique, et il nous fit cette réflexion :
« Faut pas m'en vouloir, mais je n'arrive pas à me mettre à votre place ; je ne peux pas m'imaginer ce que vous ressentez, je ne peux pas dire ce que j'aurais fait à votre place, je n'en sais rien. »
Je m'empressai de lui répondre : « Mais j'espère bien, Jean-Pierre, que tu ne te l'imagines pas ! Sinon, tu ne pourrais plus vivre. J'espère que tu ne pourras jamais t'imaginer une chose pareille. C'est trop affreux. Il faut le vivre pour savoir et je ne te le souhaite pas. Je ne le souhaite pas à mon pire ennemi. »

O UI, J'AI ETE AIDEE, je me répète, mais c'est une justice que je leur dois à ces quelques personnes qui m'ont soutenue pendant toute cette épreuve. Malheureusement, je n'ai pas eu affaire qu'à des gens intelligents, et je voudrais dénoncer ici une certaine catégorie de personnes qui se délectent de drames, qui sont toujours au premier rang lors d'un accident de voiture, qui sont heureux de vous dire : j'étais là, j'ai tout vu, je sais tout !

Je veux parler de Dominique. C'est une fille qui a beaucoup de problèmes. Je l'ai connue par mon travail. À 45 ans, elle n'est pas mariée et en est très complexée. Très malheureuse aussi, je crois, de ne pas avoir d'enfant. Tous ses amis sont des couples mariés avec enfant(s). Elle n'a pas d'amis célibataires. Dans son travail, elle est très instable. Depuis moins de dix ans, elle en est à son troisième changement d'établissement, non pas par choix, mais par nécessité de service ou incompatibilité d'humeur (avec rapport à l'appui).
Quand je l'ai connue, nous nous entendions bien, je mettais de côté son mauvais caractère, et j'avais accepté son côté lunatique. Quand nous sortions le soir, c'est souvent elle qui nous gardait Angélique. Je lui dois reconnaissance pour le service qu'elle m'a rendu de m'apprendre la couture. Puis son caractère changea. Elle me racontait des histoires invraisemblables de demandes en mariage (de médecins, d'avocats, d'ingénieurs), auxquelles elle croyait dur comme fer.

Au début, j'ai marché dans son jeu, je me disais qu'elle était tellement malheureuse qu'elle avait besoin de se faire croire, et de faire croire aux autres que l'on pouvait l'aimer. Je trouvais cela très triste et j'avais pitié d'elle. Puis, j'en eus marre et j'essayai de la coincer.

« Alors, ce médecin, quand est-ce qu'il vient te voir à Paris ?
- Oh ! ... tu sais, il est très pris en ce moment... mais il me téléphone toutes les semaines !
- Ah oui ? et qu'est-ce qu'il te dit ?
- Eh bien... c'est-à-dire que... tu sais... il parle à mots couverts à cause de sa secrétaire qui pourrait l'entendre... je joue aux devinettes avec lui.
- Mais ce mariage ?
- Peut-être l'année prochaine. »
Etc.
Elle s'embrouillait, et je n'avais pas le courage de lui dire ce que je pensais. J'avais pitié d'elle. Puis je m'aperçus qu'elle portait à Angélique des sentiments qu'elle n'avait pas le droit d'éprouver. Un jour qu'elle avait apporté un cadeau, je la grondai gentiment en lui disant que ce n'était pas la peine. « Ça ne te regarde pas, c'est une affaire entre elle et moi. D'abord cette enfant, c'est moi qui l'ai mise au monde. » Elle faisait allusion au fait que c'était elle qui m'avait conduite à la maternité, et que c'était elle aussi qui était revenue nous chercher, Bébé et moi, Michel n'ayant pas de voiture à l'époque. Après cette réflexion, je répugnai à lui laisser garder Angélique, je trouvais que cette façon de s'accaparer un enfant était malsaine.
« Que deviendrait-elle sans moi ? » Elle se croyait indispensable au point qu'elle pensait que cette enfant avait un besoin « vital » d'elle (*sic*).

Enfin, malgré ce tableau peu engageant que je suis en train de dresser d'elle, je la considérais malgré tout au nombre de mes amis. J'en conviens, il y avait une grande part de pitié. Peut-être me sentais-je moi aussi indispensable à un niveau « vital » pour elle. Je m'étais imaginé que je n'avais pas le droit de laisser tomber une fille comme ça, que si je le faisais et qu'elle mettait fin à des jours, j'aurais sa mort sur la conscience toute ma vie (elle avait un caractère suicidaire et m'avait dit avoir déjà fait deux tentatives).

J'en arrive donc au but de ma narration. Angélique meurt. Dominique l'apprend, elle est désolée. Puis nous partons trois semaines dans la famille après les obsèques. Les médecins (j'insiste sur ce détail) nous avaient assuré qu'Angélique n'avait pas souffert, qu'elle était très vite tombée dans le coma et qu'elle était restée inconsciente jusqu'à la fin. C'était pour nous, si j'ose dire, un soulagement et une consolation. Nous avions eu confiance dans les médecins et pas une seconde il ne nous était venu à l'esprit qu'ils nous avaient menti. Et puis, ça nous arrangeait de les croire !

Quelques jours après notre retour à Paris, je reçois un coup de téléphone de Dominique, qui travaillait à cette époque à la crèche du personnel de l'hôpital où est décédée notre fille. « Tu sais, je connais une infirmière qui était là quand Angélique a été hospitalisée. Elle m'a tout raconté, c'était affreux. Elle a hurlé toute la nuit, elle appelait son papa et sa maman. Il y avait du sang partout qui giclait sur les murs… » Etc.
J'étais effondrée. Je voyais Angélique nous appelant, et nous, nous étions à la maison, couchés. Nous dormions, car nous savions notre fille entre de bonnes mains, sur la voie de la guérison, car c'était sûr ! elle allait guérir ! Tout à coup, tout basculait, les médecins nous avaient peut-être menti ? Pour nous rassurer sans doute. Et si c'était vrai qu'elle avait souffert ? Si c'était vrai qu'elle nous avait réclamés ? Si elle avait fermé ses yeux pour toujours sans nous avoir revus et embrassés une dernière fois. Elle criait « maman », et elle ne

voyait autour d'elle que des blouses blanches s'affairant avec des ustensiles inquiétants.

Toutes ces questions tournaient dans ma tête et me donnaient le vertige. Michel m'entendit sangloter. J'avais raccroché le téléphone : il le déplora. Il avait envie de « casser la gueule » à Dominique.

Je pensai aussitôt à madame Duval qui avait assisté à notre entretien avec le médecin de l'hôpital. Elle, elle se souvenait. En plus, elle avait une formation d'infirmière. Elle pouvait m'expliquer. Je composai le numéro de la crèche et je lui expliquai ce que je venais d'entendre. Elle était scandalisée. Elle regrettait de ne pas avoir Dominique en face d'elle. Elle aurait eu deux mots à lui dire. C'était une faute professionnelle grave. Et puis de la part d'une amie, chapeau ! Ce n'était d'ailleurs plus une personne à compter au nombre de ses amies. Une vraie amie ne dit jamais des choses pareilles, même si c'est vrai.

« Enfin, réfléchissez, Danièle ! Ce n'est pas possible ; vous étiez encore à l'hôpital quand elle est entrée dans le coma. Vous le savez ! Et puis dans les hôpitaux, on ne laisse pas souffrir les gens comme ça, à plus forte raison un enfant ! Ils ont des médicaments pour empêcher de souffrir. Et puis votre petite fille était dans un tel état de faiblesse qu'il est impossible qu'elle ait été consciente.

Faites confiance au médecin ! C'est lui qui vous a dit la vérité ! Cette fille a voulu se rendre importante en prétendant savoir. Mais elle ne sait rien et cette infirmière, si elle lui a vraiment dit tout ça – mais j'en doute –, elle a commis une faute professionnelle très grave, car elle est liée au secret professionnel. Croyez-moi, Danièle ! c'est dans la médecine qu'il faut avoir confiance, et non en ces personnes dont je ne sais pas si elles sont bêtes ou méchantes ou vice-versa. »

Après ces deux conversations téléphoniques, j'avais devant mes yeux une balance. Sur l'un des plateaux, il y avait le discours du médecin et celui de madame Duval, sur l'autre celui de Dominique. Ces deux plateaux oscillaient sans pouvoir trouver un équilibre. Il aurait suffi que je pose sur l'un d'eux mon propre sentiment... Mais sur lequel ?... Je ne savais plus. Les phrases tournaient dans ma tête et je n'arrivais pas à y voir clair.
J'en parlai à tous les médecins de ma connaissance. J'avais besoin qu'on m'affirme avec certitude qu'Angélique n'avait pas souffert. Et c'est ce qu'ils faisaient tous, sans l'ombre d'une hésitation. Mais le doute persistait !
J'appelai l'hôpital, demandant à parler au professeur en personne. Il était en vacances, mais la surveillante que j'avais au bout du fil m'affirma se souvenir très bien d'Angélique pour avoir été présente cette nuit-là. « Je vous jure, Madame, que le professeur vous a dit la vérité. À partir de 23 heures, votre petite fille est entrée dans le coma et elle n'a pas repris connaissance avant de mourir. Tout ce que cette fille vous a dit est faux et il faut l'oublier. Le professeur rentre dans quinze jours, contactez-le. Il vous le dira lui-même. Jamais il ne vous aurait menti. Et puis, cette personne, j'aimerais bien savoir qui elle est. Vous ne désirez probablement pas la dénoncer, mais ce serait un service que vous rendriez au personnel médical, et par extension, à tout malade qui pourrait être hospitalisé, lui ou un membre de sa famille. Cette personne est dangereuse. »
Malgré ces discours rassurants glanés à droite et à gauche, je restai pendant de longs mois dans l'incertitude et, là encore, c'est ma psychothérapie qui m'a aidée à y voir clair.
Aujourd'hui, je ne vois plus Dominique. J'ai d'abord espacé nos rencontres. Je lui ai caché ma grossesse quand j'ai été enceinte d'Aurore.

Je ne peux pas parler de la manière dont je suis sortie du tunnel, sans dire l'aide que m'ont apportée de nombreuses personnes, entre autres toute l'équipe de l'école maternelle que fréquentait Angélique.
La directrice, madame L. se montra très présente, très à l'écoute, m'invitant régulièrement à déjeuner. Elle me dit un jour : « Nous serons là si un jour, vous désirez venir parler d'Angélique avec nous ; mais nous saurons aussi respecter votre silence si vous ne désirez pas en parler. »
J'ai effectivement constaté qu'elle était fidèle à cette promesse. Quand mon article est paru, elle m'a proposé de nouveau de déjeuner avec elle. C'était la « fin du tunnel » qu'elle m'avait annoncée, auquel je n'avais pas cru à l'époque. Mais j'étais contente de lui annoncer que ce jour était enfin arrivé.

Par contre, lorsqu'elle m'avait fait cette promesse, j'avais cru que celle-ci était valable pour toute l'équipe. Un jour, j'ai eu envie de parler d'Angélique avec Brigitte, sa maîtresse, qui l'avait eue dans sa classe pendant sept mois. Elle accepta aussitôt mon invitation et me donna rendez-vous pour le lundi suivant. Je lui avais bien précisé que c'était d'Angélique que je voulais parler. Quand nous nous sommes retrouvées à table, l'une en face de l'autre, elle m'apparut gênée, parlant de tout et de rien, semblant vouloir meubler la conversation. Je la laissai faire, puis je lui rappelai que nous avions prévu de parler d'Angélique. J'avais envie qu'elle me décrive quelle petite fille elle était à l'école. Pour les mamans, l'école est souvent un peu l'inconnu, on ne sait pas ce qui s'y passe ou très peu. Et les enfants sont souvent eux-mêmes différents à l'école et à la maison.
Je crois surtout que j'avais besoin d'entendre le même discours qui m'avait été tenu au jardin d'enfants lors de son

départ : « Angélique, c'était notre petite animatrice, meneuse de bande, boute-en-train. Par exemple le midi, au moment où l'on débarrasse les tables et installe les lits pour la sieste, c'est souvent la pagaille. Les enfants sont livrés à eux-mêmes. »
J'avais encore en tête ce discours très flatteur, et je regardais Brigitte, j'attendais. Elle rougit, baissa la tête, se tortilla les mains et se mit à bredouiller : « Vous savez, c'est un peu difficile. Dans une classe, il y a les durs, qu'on remarque tout de suite parce qu'il faut s'occuper d'eux sans cesse. Et puis, il y a les plus calmes, timides, réservés, qu'on ne remarque pas, car ils jouent bien tout seuls et ne posent pas de problèmes. Angélique faisait partie de ceux-là et je n'ai pas vraiment de souvenir d'elle. »
Tout dégringolait pour moi. J'ai eu envie de quitter la table. Alors pendant sept mois, elle avait eu Angélique dans sa classe, six heures par jour, et elle ne l'avait pas remarquée ! C'était très dur pour moi, mais je me suis dit par la suite que pour n'importe quelle maman c'était inadmissible. Je sais bien qu'elles ont des classes de trente, qu'elles sont débordées, mais ne pas remarquer un enfant pendant sept mois, ne pas être capable de raconter la plus petite anecdote !...

À partir de ce jour-là, j'évitai Brigitte. Un jour, la gardienne de l'école me demanda ce qui se passait. L'équipe avait l'impression que je fuyais l'école. S'était-il passé quelque chose ? M'avait-on blessée ? Je lui racontai l'histoire et elle m'expliqua qu'en fait, pour Brigitte, la mort d'Angélique avait été un coup dur, qu'elle avait eu beaucoup de mal à s'en remettre et que sûrement, il lui était très difficile encore de parler d'Angélique. J'ai bien compris ses arguments, mais je pense que Brigitte aurait pu m'expliquer cela, ou ne pas accepter si catégoriquement ce rendez-vous. Elle

m'aurait fait moins de mal que de me dire : « Votre fille ? je ne m'en souviens pas ! »
Et puis quand on a perdu un enfant, on est tellement attaché au souvenir ! c'est tellement bon d'entendre des gens vous dire : « Votre fille, oh oui ! elle était merveilleuse, inoubliable ; tenez, je me souviens de ce jour où... »

Et pourtant, il s'en était passé des choses en sept mois. Brigitte aurait pu me reparler (même si elle l'avait déjà fait au moment des événements) de ces deux anecdotes dont tout le monde se souvient encore.

Angélique avait une peluche qu'elle aimait particulièrement, sa Belette. L'animal avait le corps tout blanc, excepté le bout de sa longue queue qui était noir. Elle l'emmenait partout et cela faisait un drame si elle l'oubliait quelque part. Elle avait l'habitude de l'emmener à l'école, et un soir, quand j'allai la chercher à la garderie, elle réalisa que la maîtresse, en partant à 16 h 30, avait fermé la porte de la classe à clé comme tous les soirs. L'ennui, c'est que la Belette était à l'intérieur.
« Maman ! Ma Belette !
- Quoi ? Ta Belette ?
- Elle est dans la classe !
- Bon ! eh bien, va la chercher.
- Je ne peux pas, c'est fermé à clé !
- Ça ne fait rien. Ta Belette va dormir ici cette nuit et tu la retrouveras demain.
- Bon... d'accord. »
Nous rentrâmes à la maison et la soirée se déroula comme tous les autres jours. On ne parla plus de la Belette. Elle n'y pensa même pas pour aller se coucher. Le lendemain, je la préparai pour aller à l'école et nous voilà parties. Toujours aucune allusion à la Belette.

Arrivée à l'école, elle fonça tout droit dans sa classe, se planta devant Brigitte, les mains aux hanches, avec un air arrogant et des yeux mitrailleurs, et sans prendre le temps de dire bonjour :
« Alors Brigitte ? Ma Belette ?
- Qu'est-ce qu'elle a, ta Belette ?
- Tu l'as enfermée hier, tu n'y as pas pensé !
- C'est toi qui as oublié de la prendre. Ce n'est pas ma faute. Il faut penser à prendre tes affaires le soir. Tu sais bien que la salle est fermée à partir de 16 h 30. Ensuite, la garderie, ça se passe ailleurs. »
Elle resta penaude devant cette réponse, trouvant sans doute qu'on exagérait de lui attribuer la faute.

La deuxième anecdote qui fit encore plus de bruit que la première, et surtout qui dura plus longtemps, fut l'histoire du « coup de fourchette ».
J'allais la chercher un soir à la garderie, et la personne qui s'occupait des enfants m'arrêta dans le couloir. « Madame il y a eu un petit accident à midi. Angélique a été grondée et il serait peut-être bien que vous aussi vous lui fassiez une petite leçon. »

Cela se passait à table. Christelle était assise à côté d'Angélique. On ne sait pas trop comment cela a commencé, mais elles se sont disputées et Angélique a envoyé à sa camarade un coup de fourchette… qui a atterri à un centimètre de l'œil. J'étais effarée, imaginant l'œil crevé de Christelle, sa meilleure amie. J'entrai aussitôt dans la salle où jouaient les enfants et je sermonnai Angélique, en lui expliquant que c'était très grave, qu'elle aurait pu crever l'œil de Christelle, et qu'en tout cas, elle avait dû lui faire très mal. En entendant ce deuxième sermon, elle fondit en larmes, elle était secouée de gros sanglots et je reconnus là

un chagrin véritable. En fait, elle était bien plus malheureuse d'avoir fait mal à son amie que d'être grondée. Elle aimait tellement Christelle ! Et puis elle n'avait pas voulu lui faire mal. Christelle avait sali la manche du pull d'Angélique. De peur d'être grondée par sa mère le soir à cause du pull sale, elle s'était rebiffée... et le coup de fourchette était parti.
Christelle, voyant pleurer Angélique, se leva et vint l'embrasser en lui accordant son pardon. Cette scène était si touchante que tout le monde décida d'oublier l'affaire.
En sortant de l'école, Angélique me proposait souvent le soir de repasser à la crèche pour dire « au revoir » à madame Duval. Ce soir-là, elle ne me le demanda pas, mais elle pleurait encore tellement que je le lui proposai, en lui disant que madame Duval saurait la consoler.
« Je veux bien mais tu ne lui dis pas pour la fourchette. »
Elle avait honte.
« Tu sais, je crois qu'on peut lui dire. Car madame Duval sait que tu es gentille et que tu ne l'as pas fait exprès. Elle va juste te faire un bisou mais ne te grondera pas. Je te le promets.
- Bon, d'accord ! »

Notre entrée à la crèche, ce jour-là, ne fut pas aussi triomphale qu'à l'accoutumée, et madame Duval vit tout de suite qu'il se passait quelque chose. Heureusement pour Angélique, et comme je l'avais promis, elle ne la gronda pas, mais au contraire la réconforta.
« Elle est gentille, madame Duval ! Elle ne m'a pas grondée », me dit-elle en repartant. Elle avait retrouvé son sourire.

Les jours qui suivirent, Angélique m'apprit qu'on l'avait changée de table et qu'elle n'était plus à côté de Christelle le midi.

Je n'étais pas d'accord sur le principe, car je trouvais injuste de séparer les deux amies qui s'aimaient comme deux sœurs, et de punir Angélique d'une chose qu'elle avait aussitôt regrettée et qui l'avait rendue très malheureuse. Elle s'était elle-même suffisamment punie sans qu'on revienne sur cette histoire qu'il valait mieux oublier. Je consolai Angélique en lui disant que c'était mieux ainsi, que de cette manière, elle ne risquait plus de donner un coup de fourchette à Christelle et que cette dernière ne l'embêterait plus.
Pourtant elle continua de me dire qu'elle n'avait plus le droit de s'asseoir à côté de Christelle. Les vacances de Noël approchaient. Je me disais qu'à la rentrée de janvier, tout serait oublié et qu'on la séparerait plus de son amie.

Lorsque j'allai la chercher le soir de ce 3 janvier, j'avais hâte de savoir comment s'était déroulé le repas de midi, d'autant plus que le matin, comme elle m'avait annoncé qu'elle ne voulait pas aller à l'école (toujours à cause de cette histoire), je l'avais rassurée en lui affirmant que les maîtresses auraient oublié et qu'elle pourrait de nouveau s'asseoir aux côtés de Christelle.
Ô surprise, lorsqu'elle me déclara avec une grande tristesse que les maîtresses lui avaient de nouveau interdit. Je trouvais que c'était faire durer une histoire pour le plaisir de rendre les deux enfants malheureuses et, après avoir demandé l'avis de mon mari et de mes collègues de travail, j'allai demander des explications à sa maîtresse. « Oh ! Cette histoire encore ! Angélique ! Viens un peu ici ! Explique à ta maman la vérité. »

Et se tournant vers moi : « En fait, Madame, c'est elle qui se punit toute seule. Voilà deux mois que nous lui disons que c'est fini, oublié, on n'en parle plus. Mais, tous les jours, elle refuse de s'asseoir à côté de sa copine. On dirait qu'elle a peur d'elle même et de ses réactions, ou alors elle se punit. Mais je vous assure que ce n'est pas nous qui l'en empêchons. »

J'allais de surprise en surprise avec cette histoire !

Devant la maîtresse, je lui dis : « Tu vois, tu n'es plus punie. Si tu veux, dès demain, tu peux manger à la table de Christelle. D'accord ?

- D'accord », dit-elle à voix très basse en baissant la tête.

Le lendemain soir je m'empressai de l'interroger : « Alors, tu as mangé avec Christelle ?

- Non. »

Je la grondai et lui intimai l'ordre de le faire dès le lendemain. À ma question le soir suivant, j'eus à nouveau droit à un « non » buté.

« Oh et puis après tout, lui dis-je d'un air las, fais comme tu veux. Ça te regarde. Si tu ne veux plus manger avec Christelle, c'est ton droit. Je m'en moque. Quand tu seras décidée, tu le diras. »

J'espérais que cette nouvelle formule serait plus efficace que la première. Je me trompais. Alors je décidai de ne plus en parler, pensant qu'ainsi, elle finirait par oublier. Environ une semaine plus tard, je la retrouvai radieuse : « Tu sais à midi j'ai mangé à côté de Christelle !

- ?? Non ! Pas possible ! C'est vrai ?

- Oui, la dame, elle a enlevé le garçon qui était assis à côté de Christelle, et elle m'a mise à la place. »

Je ne lui dis pas combien j'étais soulagée, ni combien je remerciais cette femme d'avoir finalement opté pour la meilleure solution !

La particularité d'Angélique qui restera dans la mémoire de beaucoup de gens et qui faisait partie de son pouvoir de séduction était son esprit de répartie, ses réflexions inattendues.

Un jour qu'elle me parlait du personnel de l'école, elle me dit : « Tu sais maman, à l'école, il y a une « Marguerite ». Mais ce n'est pas une fleur : c'est une femme. » Il me fallut plusieurs minutes pour me rappeler qu'une des aides maternelles se prénommait Marguerite.

Un autre jour, sur le chemin de l'école, nous devions passer comme d'habitude devant la garde républicaine. À l'entrée de la caserne est toujours posté un garde dans sa petite guérite. Elle lève les yeux vers moi et demande : « Dis Maman ? est-ce que je peux dire bonjour au monsieur ?
- Oui bien sûr. »
Puis en réfléchissant, je m'étonnai de cette question et je lui fis préciser.
« Qu'est-ce que tu vas lui dire ?
- Et bien ! je vais lui dire « bonjour Monsieur ».
- Ah bon ! d'accord. »
Elle leva vers moi ses yeux espiègles et ajouta :
« Faut pas que je dise « bonjour Poulet ».
Malgré tout, en passant devant l'entrée de la caserne, je conservais une certaine inquiétude qui ne cessa que lorsque j'entendis la petite voix s'exclamer :
« Bonjour, Monsieur ! »
Une fois que nous fûmes passées, elle me fit remarquer fièrement
« Tu vois ! j'ai pas dit « bonjour Poulet ».

Ce que j'aime chez les enfants, c'est leur naturel, leur sincérité. Angélique savait s'en servir peut-être plus que nécessaire. C'est sans doute pour cette raison que, après sa disparition, je n'ai jamais eu de difficultés à répondre aux enfants lorsqu'ils me posaient certaines questions. Ils me rappelaient ma petite fille disparue. Elle aurait pu poser ce genre de question avec la même innocence. Certains adultes m'ont choquée. Jamais les enfants. Pourtant leurs questions étaient souvent brutales parce que très directes.

Un jour que j'arrivais à mon travail, je croisai un groupe de l'école maternelle qui rentrait de promenade. Un des enfants que je reconnus immédiatement (car c'était le meilleur copain d'Angélique) me demanda : « Elle est toujours morte, Angélique ? »

Le jeune homme qui les accompagnait devint livide et s'empressa de faire entrer les enfants dans l'école. Moi, je restai calme et répondis avec un petit sourire à l'enfant :

« Mais oui ! Elle est toujours morte, Angélique.

- Et tu es triste ?

- Oui, je suis triste ! »

Cette réponse ne fut pas dure pour moi, et ne me tira aucune larme parce que c'était un enfant, et sa question autant que ma réponse étaient très naturelles. Avec un adulte, cela se serait passé tout autrement.

Une autre anecdote à propos d'enfants qui m'a été racontée par l'institutrice d'Angélique m'amusa beaucoup. Après la disparition d'Angélique, les enfants posaient beaucoup de questions, et parlaient souvent d'Angélique. Elle les laissait parler entre eux.

« Elle est où Angélique maintenant ?

- Elle est au cimetière, et on lui porte des fleurs.

- Non, elle est pas au cimetière, elle est au Ciel. »

Un petit garçon qui venait de perdre sa grand-mère partit d'un grand éclat de rire. Il se tenait les côtes et riait à gorge déployée. L'institutrice intriguée lui demanda ce qui le faisait tant rire : « C'est que j'imagine... Ah ! ah ! ah !... ma grand-mère... dans le ciel... ah ! ah !... avec des ailes dans le dos... ah ! ah ! ah !... », et il faisait le geste de voler avec ses bras.

***

Huit jours après la mort d'Angélique, je rendis visite à ma sœur, Catherine. Le décès de ma fille avait été un choc pour elle comme pour toute ma famille, et elle n'avait pas encore trouvé la force d'en parler à ses enfants, deux jumeaux, garçon et fille, de 3 ans. On n'en avait pas du tout parlé devant eux et ils n'étaient pas censés être au courant. Virginie monta sur mes genoux et remarqua mes boucles d'oreilles. Je portais les créoles d'Angélique.
« Tu as de jolies boucles d'oreilles. »
Puis elle enchaîna : « T'as pas une « fine » ? »
Je ne compris pas tout de suite qu'elle voulait dire « une fille ». Quand j'eus compris, je lui expliquai que j'en avais eu une, mais que je n'en avais plus.
« Qui c'est y te l'a prise ?
- Le petit Jésus !
- Oh ! il est vilain ! »
Je bredouillai un « oui » étouffé par les larmes et je me pris à pleurer.
« Qui c'est y te fait des larmes, c'est le vent ?
- Non, c'est le petit Jésus ! Tu m'as dit qu'il est vilain d'avoir pris ma fille, c'est lui qui me fait des larmes. »
Elle parut satisfaite de mes réponses et ne me questionna plus.
Je revins le lendemain. Elle monta aussitôt sur mes genoux, observa mon visage et s'exclama, joyeuse : « Ah ! aujourd'hui, le petit Jésus, y te fait plus des larmes ! »

Il ne faut pas prendre les enfants pour des idiots.

Q UAND ON A PERDU UN ENFANT, IL Y A UNE CHOSE A LAQUELLE ON NE PEUT ECHAPPER, ce sont les gaffes.

Évidemment, il y a ceux qui ne savent pas, et qui vous demandent si vous avez des enfants ; il y a aussi ceux qui savent, mais qui, dans un moment d'étourderie, laisseront échapper un mot, une phrase qui leur donnera aussitôt envie de rentrer sous terre. Par exemple cette dame qui me souhaita, la veille de la fête des mères « une joyeuse fête des mères » !
Cette autre dame que je rencontrais tous les matins dans le bus alors que j'étais accompagnée d'Angélique. Ce matin-là, quand elle me vit seule, elle me demanda : « Qu'avez-vous fait de votre fille ? » J'ai cru recevoir un rocher sur la tête. En pâlissant, j'ai bredouillé que je n'avais plus de fille. Elle insista :
« Qu'est-ce qui s'est passé ?
- Elle est décédée !
- De quoi ? Accident ? maladie ?
- Maladie !... Excusez-moi, je n'ai pas envie d'en parler. »
Par la suite, chaque fois que j'ai rencontré cette dame, elle fuyait mon regard et avait un air de compassion pour moi.

On ne peut échapper aux gaffes et il faut s'y préparer. Mais suivant le jour, le moment, quelquefois vous vous en sortirez bien, quelquefois ce sera un vrai fiasco. D'autant plus que la plupart du temps, cela arrive au moment où vous vous y attendez le moins.

Une autre dame que je rencontrais souvent dans le bus connaissait bien Angélique. Nous parlions souvent ensemble. Elle prenait le bus matin, midi et soir au même endroit. Ce point commun avait facilité la première discussion ensemble. Je redoutais de la rencontrer après la

mort d'Angélique car j'étais sûre qu'elle allait me demander, elle aussi, ce que j'avais fait de ma fille.
Ma directrice avait pensé à ce détail et avait modifié mes horaires pour m'éviter de rencontrer les mêmes personnes et m'exposer ainsi à des situations très gênantes.
Un jour que je me sentais forte et prête à répondre à une question embarrassante, je m'en allai attendre mon bus à midi. Cette dame ne risquait pas de me questionner sur Angélique, puisque le midi, Angélique mangeait à la cantine et ne prenait donc pas le bus. Dès qu'elle me vit, cette dame me sourit et vint à ma rencontre :
« Ah ! Ça fait longtemps ! Je me suis dit que vous étiez partis en vacances. Comment ça va ?
- Bonjour, Madame. À vrai dire, pas trop bien. Je n'étais pas en vacances. Il m'est arrivé un grand malheur. Angélique est décédée. Nous sommes partis quelque temps dans la famille. C'est pour cette raison que vous ne me voyiez plus. »
Consternation de la dame.
Cela a été plus facile pour moi, car je m'y étais préparée et je n'ai pas été prise de court.

Malheureusement, on ne peut pas toujours provoquer les choses, et parfois c'est très difficile. Mais je dois dire que jamais je n'en ai voulu à qui que ce soit, car les gens ne peuvent pas deviner. Il faut savoir aussi pardonner l'étourderie, et quelquefois elle est énorme.
Quand Aurore fut placée chez son assistante maternelle, toute l'équipe de la crèche familiale se montra très attentive à ce bébé qui venait combler un grand vide. On nous entoura, nous cajola. On avertit l'assistante maternelle : « Attention ! c'est un bébé précieux ! » Cette phrase me mit en colère, pourquoi un bébé précieux ? Tous les bébés sont précieux ! Et celui-là ne l'était pas plus à mes yeux que n'importe quel autre bébé. En tout cas, je le voulais ainsi.

Un jour, la pédiatre de la crèche rendit visite à l'assistante maternelle et à Aurore. À chaque visite, elle laisse aux parents une feuille sur laquelle elle donne un petit compte rendu de ses observations. Lorsque l'assistante maternelle me remit cette feuille, j'eus un choc. Deux mots semblaient « clignoter » en haut de la feuille. J'y regardai à deux fois. Je ne rêvais pas : « Angélique Massardi ».
J'accrochai un sourire sur mon visage pour tendre la feuille à l'assistante maternelle, et je lui dis : « Je crois qu'il y a erreur. Ce n'est pas la feuille d'Aurore. »
L'assistante maternelle fut vraiment confuse.
« Oh ! excusez-moi, j'aurais dû regarder avant de vous la donner. C'est ma faute.
- Mais non ! ce n'est pas vous qui avez écrit cela. Vous n'y êtes pour rien. Je ne désire pas faire de scandale, mais je tiens malgré tout à le signaler au docteur pour qu'elle évite de renouveler une telle erreur. »
Mon intention n'était pas de l'humilier, mais de marquer le coup, car, en ne disant rien, je m'exposais à ce désagrément une fois par mois. Je téléphonai donc à la crèche familiale, le docteur était absent. Je demandai à parler à la directrice et je lui expliquai la chose en insistant bien sur le fait que ma démarche n'était pas inspirée de la colère, ni du désir de scandale, mais plutôt destinée à éviter à l'avenir une nouvelle erreur de ce style. La directrice transmit mon message au docteur, et la réponse ne se fit pas attendre. Une demi-heure plus tard, la sonnerie de mon téléphone retentit et j'entendis au bout du fil une voix bredouillant mille excuses : « Oh ! Danièle ! je suis vraiment désolée. J'ai fait une erreur monstrueuse et je vous prie de m'en excuser... si vous le pouvez. Jamais je ne pourrai me le pardonner. Vraiment, je ne sais pas quoi vous dire. Mais vous avez eu raison de le signaler. Je trouve même que vous avez beaucoup de cran pour le faire. »

Je l'arrêtai :
« Docteur, je ne vous en veux pas. Ma démarche n'avait qu'un but : celui de vous éviter de renouveler cette confusion. Car si je devais lire tous les mois le nom d'Angélique sur la feuille d'Aurore, je ne le supporterais pas.
- Oh, Danièle ! comptez sur moi. J'y veillerai ! Vous savez ce que c'est. On va vite. On fait plusieurs choses en même temps... et voilà. C'est là que je réalise combien les psychiatres ont raison quand ils parlent de lapsus. Vous imaginez bien Danièle, qu'avec Madame Billard, nous avons parlé de vous. Comment vous vous comportiez avec ce bébé ? Est-ce que vous ne faisiez pas de comparaisons ? etc. » (Encore ces fameuses comparaisons)
- Mais non, Docteur, je ne fais pas de comparaisons. Tout est bien clair dans ma tête, et il n'y a pas de confusion possible. Par contre, je me suis demandé **qui** vous aviez vu pendant cette visite pour avoir écrit le nom d'Angélique... »
(Là, je reconnais avoir été un peu vache. Je réglais une vieille rancune, et je m'amusais de voir cette femme si forte, si autoritaire, qui faisait trembler tout son personnel, à genoux devant moi et se perdant en mille excuses. Là, je lui signifiais que tout le monde peut se tromper, et que, même elle, elle n'était pas à l'abri d'une erreur).
J'ai eu beaucoup de mal par la suite avec toute l'équipe, car je sentais sans cesse un regard peser sur moi. Je ne voulais qu'une chose, qu'on s'occupe d'Aurore, et d'elle seule. Mais j'ai toujours eu le sentiment qu'Aurore n'était pas au même régime que les autres enfants, qu'on en faisait plus pour elle, et qu'on observait sa maman comme quelqu'un de dangereux pour elle. Bien sûr, elles faisaient leur métier, et je reconnais qu'il y avait un risque. Mais j'avais fait ce qu'il fallait et je ne crois pas qu'Aurore était en danger, car j'étais très au clair avec moi-même. Ce n'est pas pour rien que

pendant trois ans, je suis allée voir une psychiatre, deux fois par semaine.

Quand j'ai perdu Angélique, j'ai eu très peur de devenir folle, ou de commettre un acte irréparable. De plus, ma mère avait fait de la dépression et j'ai eu très peur d'en faire autant. J'ai voulu soigner mon image de marque car je ne voulais pas qu'on me voie comme j'avais vu ma mère dans le passé. J'ai refusé la dépression.
Il ne me restait plus que deux solutions. Le suicide ou la vie.
Je ne le cache pas, on y pense au suicide. Ou plutôt, on a envie de rejoindre l'enfant perdu. Mais qu'aurait-elle pensé de moi, Angélique ? Je voulais être belle à ses yeux. J'ai choisi la vie. Mais ce n'est pas si simple et je savais que je n'y arriverais pas seule. Je ne me sentais pas assez forte (malgré ce qu'ont pensé et pensent encore nombreux de mes amis). Je devais me faire aider.
Trois semaines après la mort d'Angélique je me rendais à mon premier rendez-vous pour commencer une psychothérapie.

Je dois le dire maintenant. J'en ai bavé. Cela fut très dur car j'ai dû remuer tant de choses qui me faisaient mal. Il m'est arrivé, dans des moments de découragement, de vouloir abandonner, et j'ai dû souvent « me donner des coups de pieds au derrière » pour me rendre à ces rendez-vous qui avaient lieu à l'heure du déjeuner. Ces jours-là, pas question de manger ou de faire du lèche-vitrines. Je devais me contenter d'un sandwich.
Je remplaçais ma nourriture du corps par la nourriture de ma tête, de mon âme. C'est comme cela que j'ai réussi à m'en sortir, et c'est à ma psychothérapie que je le dois. Si je suis encore en vie aujourd'hui, c'est grâce à elle et là, je le reconnais, j'ai eu du courage.

J'AI MIS PLUSIEURS ANNEES A ECRIRE CE LIVRE et quand on le lit, on peut avoir l'impression qu'il a été fait sans plan. C'est exactement le cas, je l'ai écrit un peu comme un journal intime, au jour le jour. Je transcrivais à chaque fois ce que je vivais sur le moment. Je l'ai aussi laissé dormir pendant de longues périodes. Quelquefois, le texte semble incohérent. Dans certains chapitres, je dis que je veux parler d'Angélique, pour me souvenir et l'immortaliser, puis quelques pages plus loin : « Une page est tournée... Laissons Angélique reposer en paix »... Puis à nouveau, je reparle d'elle.

Souvent j'ai voulu modifier mon livre pour le rendre cohérent, mais je n'y suis pas parvenue. Pourquoi ? Parce que ce livre est vraiment la transcription réelle du travail de deuil. Dans un deuil, on passe par ces différentes étapes et je ne crois pas qu'il soit bon d'en modifier le texte, car dans ce cas, les différentes étapes du deuil n'apparaîtraient pas. Pour des gens qui sont frappés par un deuil, il est important de savoir que cette épreuve se traverse en plusieurs étapes et qu'il est nécessaire de les traverser toutes pour arriver enfin « au bout du tunnel ».

Ce que j'ai appris pendant ces longues années, c'est que la vie est une chose précieuse, que chaque jour, chaque heure, chaque minute sont précieuses. J'ai envie de dire à tout le monde qu'il faut boire la vie jusqu'à la dernière goutte comme un nectar précieux car on ne sait jamais de quoi sera fait demain.

Après ce drame, Michel et moi avons complètement changé notre mode de vie. Avant, nous mettions de l'argent de côté, nous rêvions de devenir propriétaires, et nous gaspillions très souvent nos loisirs. Depuis, nous n'avons plus un sou de côté. Tout notre argent passe dans les loisirs (vacances, restaurant, spectacles...). Car à quoi sert d'économiser si l'on doit mourir demain ! Il faut vivre au jour le jour. Aujourd'hui, j'ai envie d'aller au restaurant, j'y vais. Je ne sais pas si je pourrai y aller demain !... Profitons de chaque instant, en goûtant pleinement chaque moment de bonheur.

Je racontais l'autre soir à des amis une petite anecdote qui résume bien cela. Pendant nos vacances cet été, nous étions à Ramatuelle au Village Vacances Léo Lagrange. Tous les soirs, nous avions droit à un spectacle qui se terminait toujours par « la danse du village ». Le premier soir, on regarde, passif. Le deuxième soir, on se souvient de certains gestes et certaines paroles. Au bout d'une semaine, tout le monde est capable de chanter et de danser avec la troupe. Aurore a très vite appris et dès le troisième soir, elle se plaçait devant les danseurs et les imitait, face au public. J'avais dit à Michel : « Le dernier soir, il faudra prendre le caméscope pour la filmer. »
Mais le dernier soir, nous étions dans l'euphorie du départ et nous avons oublié de prendre le caméscope. Lorsque le spectacle arriva à sa fin, mes deux enfants, Hervé deux ans et Aurore quatre ans, se dirigèrent vers la scène et se mirent à danser. Sans le vouloir, ce soir-là, je les avais habillés d'une manière tout à fait marrante et jolie. Elle, elle portait une robe marine, lui un ensemble « Pierrot » blanc à gros pois noirs. Ils étaient beaux, on ne voyait qu'eux, au milieu de la scène, devant une cinquantaine de personnes dansant dans un bel accord la même danse. Ils étaient beaux et attendrissants. Je les regardais avec une grande fierté et je peux dire que j'ai vécu là un grand moment de bonheur et d'émotion qui me restera toute ma vie.

Je suis sûre que beaucoup de mamans passent à côté de ces moments-là si elles n'ont pas perdu un enfant. Elles ne connaissent pas la vraie valeur de ce genre d'événement.

Dans le même cas, une autre mère serait restée une spectatrice attendrie, sans plus. Moi, je savais que ce moment-là était empreint d'une grande richesse et je l'ai vécu comme tel.

Quand j'ai raconté cette scène à nos amis, j'ai vu que je provoquais une grande émotion et j'espère qu'ils s'en souviendront. Je suis sûre que désormais ils vivront pleinement chaque instant de leur vie.

Tout dans une vie a une grande valeur, si on sait l'apprécier comme il le mérite : un pique-nique, une soirée entre amis, une petite fête, un goûter d'anniversaire, un bouquet de roses, un dîner en tête à tête, des vacances en famille.

Il suffit de se dire que demain... on ne sait pas si on pourra le refaire. « Ne pas remettre au lendemain ce que tu peux faire aujourd'hui. »

Lettres échangées
après la mort d'Angélique

Mercredi

Madame.

J'ai envie, en commençant cette lettre, d'écrire « Danielle » car, pour moi, vous n'êtes plus « une maman d'élève », vous êtes la maman d'Angélique, celle de mes petits élèves que je ne pourrai jamais oublier.

Danielle, si je vous écris, c'est parce que je viens de raccrocher le téléphone, et que j'ai été très émue par votre courage, par votre force, et que, bien sûr, je n'ai pas su vous le dire.

Vous avez raison, Angélique était la petite fille belle, intelligente et douée que vous avez décrite, et c'est de cette petite fille-là que nous nous souviendrons, même si vendredi nous en voyons une autre.

Un matin, il y a quelque temps, je faisais la rentrée dans le hall de Sophie. Angélique est arrivée, vêtue d'un très bel ensemble tricoté. Vous étiez là aussi. J'ai complimenté Angélique et elle m'a répondu par un très joli sourire, son sourire à fossettes dont elle n'était pas avare. Et c'est cette Angélique-là que j'ai dans les yeux de ma mémoire ; une image banale et quotidienne, mais c'est celle-là qui me hante, sans que je sache pourquoi.

Je voudrais vous dire que je sais toute la valeur d'un enfant, toute la somme de bonheur, d'espoir, de fantasmes, de projets et de désillusions aussi, mais de ces joies et de ces tristesses dont on ne voudrait pas ne pas les avoir connues, car elles sont nos richesses de mère.

Vous garderez sûrement une grande tristesse et un merveilleux souvenir d'Angélique. Nous aussi qui l'avons connue. Aussi n'hésitez jamais à venir nous voir quand vous aurez envie de parler d'elle : ce sera une grande joie pour nous aussi de la faire revivre, éternelle petite fille qui gardera toujours son sourire d'enfance.

       Je vous embrasse tendrement

       Michèle L.

Michèle
École maternelle

Madame, Monsieur.

Que valent les mots, que pèsent-ils face à la réalité la plus monstrueuse qui soit : la mort d'un enfant ! Le personnel de l'école et moi-même sommes tellement conscients que rien, ni personne ne peut vous aider dans votre immense malheur.

Pourtant, nous voudrions que vous sachiez que nous aussi, nous toutes, sommes anéanties par ce drame : Angélique était aussi un peu notre fille à nous, et votre douleur est un peu la nôtre.

Nous savons que vous allez traverser une longue nuit, mais il n'y a pas de nuit qui ne s'achève à l'aube. Et si l'aube est si lointaine, permettez que nous l'attendions un peu avec vous, pour vous, mais aussi pour Angélique que nous voulons garder très longtemps dans nos cœurs, là où les enfants ne meurent jamais.

Acceptez, si elle peut vous aider, notre amitié et sachez que pour vous, nous serons toujours présentes si vous avez envie de parler d'Angélique, et présentes de la même façon si vous ne voulez pas nous en parler.

Pour tout le personnel de l'école.

(Suivent les signatures de chacun des membres du personnel de l'école maternelle)

Jeudi 15 mars

Danielle.

Peut-être allez-vous être étonnés, vous et votre mari, de notre démarche ; je ne sais pas si elle est habituelle, mais je crois qu'elle est légitime.

Les parents et le personnel de l'école ont répondu à l'appel que nous avions lancé, parce que nous voulions adresser un dernier petit hommage à Angélique. Les fleurs sont aussi dérisoires que tous les autres gestes que l'on peut accomplir dans des moments aussi graves, mais justement, dans ces moments si graves, il ne nous reste à accomplir que des gestes symboliques, qui expriment tant mal que bien notre solidarité, notre compassion, notre tendresse, qui exorcisent aussi notre angoisse, et, nous l'espérons, aussi la vôtre.

Et cet appel a dépassé ce que nous attendions, preuve s'il en est que tous, nous avons été vivement touchés par votre drame. Et je pense qu'il est juste que cet argent, ce soit vous qui le receviez, ne serait-ce que parce que c'est à vous, indirectement, qu'il était destiné.

Nous savons qu'il vous sera utile, parce que nous savons que dans l'épreuve que vous traversez, il ne vous est fait grâce de rien (nous l'avons cruellement vu à Saint-Vincent-de-Paul et pas non plus des soucis financiers). Si nous pouvons vous aider si peu que ce soit, à dominer au moins ces soucis-là, eh bien, cet argent aura trouvé sa meilleure utilisation.

Alors, acceptez-le simplement, comme nous vous le donnons, pour Angélique et pour vous. Et même si vous pensez que vous n'en avez pas besoin, prenez-le quand même, et dans un petit coin de la Nièvre que vous aimez bien, faites planter un arbre, un très bel arbre, le plus beau que vous trouverez : cet arbre, ce sera le symbole de notre affection pour Angélique.

Je vous embrasse tendrement
Pour les parents et le personnel de l'école

Michèle L, Bernadette

Vendredi, 2 h 30 du matin

Chers amis.

Je ne trouve pas le sommeil, cette nuit, et c'est la première fois depuis la disparition de ma petite Angélique. Ce n'est pas le chagrin, c'est la reconnaissance. Je pense à vous tous, à l'école, à votre immense générosité, à cette solidarité qui vous a unis à nous, son papa et sa maman.

Nous sommes arrivés de province à 18 heures et mon premier geste a été de dépouiller le courrier, un courrier nombreux. Puis j'ai ouvert les deux lettres de l'école et j'ai pleuré. Vous dire merci ne serait pas assez fort et je sais que vous ne voulez pas de remerciement. Votre geste à tous vient du cœur et je l'ai compris. C'est vrai que cet argent nous est utile, mais à travers ce geste, je ne vois pas l'argent, mais la grande amitié que vous avez voulu me témoigner, et c'est cela dont nous avons grand besoin.

J'ai vécu dix-neuf ans à la campagne et je dénigrais Paris pour son manque de chaleur, pour cette mentalité du « chacun chez soi ». Et bien je peux dire aujourd'hui que tout cela est faux car dans cette dure épreuve, nous avons eu de grands témoignages de solidarité et d'amitié, que ce soit au jardin d'enfants qu'a fréquenté Angélique l'année dernière, à l'école, à la crèche familiale où j'ai travaillé il y a trois ans, ou à celle où je travaille actuellement, sans compter les collègues de mon mari et tous les amis et parents de province.

Votre geste en est la plus belle preuve et, à la campagne cela ne se serait pas produit. À la campagne, on fait une collecte, on achète des fleurs, on va à l'enterrement, et ensuite... et bien on laisse la famille « en paix »... qu'elle le désire ou non !

J'avais pensé, quelques jours après le décès d'Angélique, aller à la fête de Carnaval et, comme elle me l'avait demandé, me déguiser en fée, car pour moi elle est toujours là et elle me verra, elle sera heureuse de me voir ainsi qu'elle l'avait souhaité. Mais j'avais quelque hésitation.

Maintenant je suis tout à fait décidée à le faire, pour elle, mais aussi pour vous. Ce sera ma manière à moi de vous remercier.

Michèle L., je garderai toujours vos lettres car elles sont pour moi un grand réconfort. Je les lis quand je pleure et elles me consolent, si vous ne trouvez pas les mots au téléphone, en tout cas vous savez écrire et j'aimerais avoir votre talent. J'ai fait lire votre première lettre à tous mes amis et ils sont tous d'accord avec moi.

J'aimerais terminer ma lettre sur des paroles que me disait Angélique :
« Ne pleure pas Maman ! Je suis triste quand tu pleures ! »

625861 - Octobre 2015
Achevé d'imprimer par